A new form of suicide prevention

自殺対策の新しい形

インターネット,ゲートキーパー,
自殺予防への態度

末木 新 Hajime Sueki

ナカニシヤ出版

はじめに

　本書はこれまでになかった新しいタイプの自殺および自殺対策に関する研究書である。なぜこのようなタイプの研究書が必要だと筆者が考えるようになったのかをまずは説明したい。これには，自殺対策をとりまく近年の政治的・社会的状況が深く関わっている。

未開のフロンティアとしての自殺対策

　日本における自殺対策は，2006年の自殺対策基本法の制定から本格化した。これは，1998年に自殺者数が前年比で35％ほど増加し，初の年間3万人台となって以降，自殺率が高止まりを続けていたことを受けたものである。基本法制定の翌年の2007年には自殺総合対策大綱が閣議決定され，国の自殺対策の基本的な方向性が示された。これ以降，自殺対策は日本における解決すべき国家的／社会的問題として位置づけられることとなった。

　自殺対策を国家的なプロジェクトとして行うことは歴史上当たり前のことではなかったと言ってよい。なぜならば，日本では戦後，既に数回の自殺者数の急激な増加が見られた時期があったが，そのいずれの時期においても政策的な進展は見られなかったからである。2000年代に自殺対策が国家的なプロジェクトとなりえた背景には，様々な要因が考えられるが（自殺者数の増加が未曾有のものであったこと，政策を進展させる力を持つキープレイヤーが存在した

こと），もっとも大きいのは，他の形式の死亡（病死，事故死，他殺）に対する対策がかなりの程度まで進展してしまっていたということだろう。高度成長期以降，日本における殺人の被害者数は右肩下がりである。1970年をピークに交通事故死亡者数も減少を続けており，この頃までに国内における結核などの感染症に罹患する患者数は大幅に減っている。1980年代前半には，日本は平均寿命で世界一を達成するほど人が死なない国となった。人の歴史はやがて訪れる「死」との戦い（死からの自由を求めた戦い）の歴史でもあるが，死亡対策という観点からすれば，自殺対策は最後のフロンティアという状態であった。

　このフロンティアを開拓する方法は，いまだに十分に明らかにされているとは言い難い。つまり，効果があると十分に認められている自殺対策はほとんどないと言ってよい。なぜこの領域がそのような未開の状態に放置されているのかという点には様々な理由がある。一つには，研究遂行の困難さがある。通常，人間の心理や行動に関する研究を行う場合，実験的な手法がとられる。人間の行う行動の原因を探るためには，ある操作（その行動を引き起こす原因と考えられるもの）を加えた人間集団と，その操作を加えない人間集団を追跡していき，原因と考えられるある操作を加えられた人々が特定の行動を頻繁に行うようであれば，その操作が原因で特定の行動を行ったと判断することができる。例えば，憂鬱な気分が自殺の原因であるかどうかを知りたければ，なんらかの手続きである人々を憂鬱な気分に誘導し，そのような操作を加えなかった人々と比較して，その後に自殺をした程度が異なるかどうかを比較すれば良い。理論的にはそうなるが，そのような人体実験は倫理的に行うことはできない。それ故，自殺という現象が生じる明確な原因は分かっていない。明確な原因も分かっていないのであるから，当然，しっかりとした対策もとれないということになる。

　もちろん，逆の実験方法をとることもできる。例えば，人々に特定の操作を加えた結果，そのような操作を加えられなかった人々に比して自殺する人が減ることが明らかになれば，それもまた自殺の原因を明らかにしたことになる。自殺予防の方法を見つけたことにもなり，一石二鳥である。

　しかし，そもそも多くの人々がフロンティアを開拓したい／他者の自殺を止

めたいなどといった願望を持っていなかったらそれも叶わない。これは常識的な考えであるが（そしておそらくは本当は「間違った」通念であるが），自殺とは自らの意志によって引き起こされた死なのであるから，その死の原因はその人自身にあることになる。それ故に，他人があれこれと口を出して止めるような問題ではないと考える人は多い。昨今ではそこまで波風がたつことを口に出して言う人は多くはないかもしれないが，少なくとも病気や事故によって亡くなった人，誰かに殺されてしまった人に比べて，自殺をした人が集める同情は多くはないだろう（この問題は，第3部で改めて扱う）。このような人々の持つ態度も，フロンティアの開拓を阻害してきた一因である。

　困難はまだある。おそらくこれが最大の困難ではないかと思うが，自殺は常に隠される存在であったし，そして今もかなりの程度隠されている。これが，自殺に関する科学的な研究の進展を阻害しているし，自殺対策の進展も阻害している。一般に人々は身近な人に対して軽々に「死にたい」などといった言葉を伝えることはできない。自分がそのような弱々しい存在であることを自覚するのは心地よい体験ではないし，言った相手に動揺を与えこれまでの関係性が変化してしまうかもしれないからである。また，残念なことに自殺が生じてしまった場合にも，自殺という事実は往々にして他者から隠される。「家」意識が強かった時代には特にそうであったし（自殺者を出した「家」だと世間から見られることは，その「家」全体にとって悪いことはあっても良いことは何もなかったであろう），現在でも多かれ少なかれそのような傾向は残っている。このように，自殺は自己からも他者からも隠される存在であり，故に研究をすることはおろか，対策をすることも困難な状態であった。

フロンティアの開拓方法—インターネット関連技術の普及

　筆者が大学院生となり自殺の研究を始めた2000年代後半の時点で，上記の自殺をとりまく問題は少しずつ変わっていた。2006年には自殺対策基本法が成立し，自殺は国をあげて対策すべき対象になっていた。この法律の成立には，身近なところで自殺を経験した人々が声をあげたことも大きく影響した。

　そして何より，インターネットの存在が大きかった。2000年前後からイン

ターネットの世帯普及率は急激に上昇するが，この変化の結果，インターネット上には自身の抱える「死にたい」気持ちを匿名の他者に対して吐露する人々が無数に存在することとなった。彼ら／彼女らは，自身の抱える苦しみを吐露し，共感をもらったり，時に罵倒されたりしていた。そこでは，実に様々な問題が相談されていた。インターネットの持つ匿名性が隠されていた自殺の特性に光をあてたのである。私自身は，そのような「死にたい」思いを抱える人達の集まるウェブ・コミュニティの中に希望を見出し，その実態を明らかにすることを自身の博士論文のテーマとした。端的に言えば，そのようなウェブ・コミュニティ内において，死にたい思いを抱えた者同士が相互に共感し合い，相談し合うことが自殺を防ぐことにつながるのではないか，という趣旨のことを博士論文に書いた。その内容は，「インターネットは自殺を防げるか：ウェブ・コミュニティの臨床心理学とその実践」（2013年，東京大学出版会）として出版され，電気通信普及財団テレコム社会科学賞を受賞するなど，一定の評価を得た。

　本書のスタート地点は，この「インターネットは自殺を防げるか」の直後にある。そして，その後の研究や自殺予防実践の展開，自殺対策に対する態度研究をまとめたのが本書である。つまり，本書は，「続・インターネットは自殺を防げるか」というタイトルで出版しても良いはずのものであった。

筆者の変遷と本書の構造

　では，なぜそのようなタイトルではなく，「自殺対策の新しい形」などといった大袈裟なタイトルをつけたのであろうか。そこには，筆者の変化が関わっている。以下で，筆者の変化と本書の概要・構造を説明する。

　筆者は「インターネットは自殺を防げるか」の執筆後，実際にかなり大規模な調査を行い，死にたい思いを抱えた者同士のウェブ上のコミュニケーションが自殺のリスクを減らすことにつながるかどうかを検討した（詳しくは，第1部参照）。結果として，「死にたい思いを抱えた者同士が相互に共感し合い，相談し合うことが自殺を防ぐことにつながる」という仮説は棄却された。自分のやった調査の中のどこを見ても，そのような兆候は見つからなかった。どちら

かといえば，ネットを介したコミュニケーションの結果，自殺のリスクは高まっているようですらあった。その後，他の国で行われた類似の調査でも，自分がやった調査とほぼ同じような結果が出ているのを見つけることもできた。そこで，筆者はウェブ・コミュニティを自殺予防に活用するという考えを捨てた。博士論文にしたアイデアを捨てたことで，しばらくは研究者としてどうして良いものかと途方に暮れることとなった。

そして現在では，インターネット上でコミュニティを用いて自殺予防をするという方向ではなく，インターネット上に残される自殺のリスクの高い者の「足跡」を辿って，そのような人々が通る道々に仕掛けをほどこし，対面で専門家から支援が受けられる状況を作る（正確には，確率を高める）ことで自殺予防を行うという事業に関わるようになった（詳しくは，第2部参照）。具体的には，自殺方法等に関するウェブ検索をしている人に広告を出し，無料のメール相談をした上で，適切な援助機関につなぐ活動に関わっている。この活動を，我々のグループは「夜回り2.0」という名称で呼んでいる。

夜回り2.0を一定の規模で行うようになって以降，新たに，お金の問題に頭を悩まされるようになった。ウェブ広告の費用は少額であったが，無料のメール相談を行うためには，相談活動を担ってくれる専門家を雇用するだけの経費が必要であった（自分の力だけで相談をこなすことなど到底できない。なぜならば，広告を出すと瞬時に大量の相談メールが届くからである。多くの人が実際に危機にさらされているのだということを実感する瞬間である）。しかし，色々な方法を試してみたものの，お金はなかなか集まらなかった。ここから，「我々はなぜ自殺対策にこれほどお金を出したくないのか？」「どうすれば自殺対策のためのお金を集めることができるのか？」「どうすれば自殺対策に対する理解をもっと深めてもらえるのだろうか？」という疑問が頭を占めるようになった。こうした疑問に答えてくれる研究は，調べてみると存在しなかった。そこで，これらの疑問を逐一解決し，自殺対策の安定的推進に寄与することを目的とした研究を進めることを，もう一つのライフワークとすることに決めた（詳しくは，第3部参照）。

このような私のたどった実践的・研究的変遷を紹介していく中から，新しい自殺対策を考え，安定的に実施していってもらうためのヒントを得てもらうこ

とが，本書の最大の目的である。そもそも自殺の研究はまだまだ十分ではないので当然のことではあるが，本書に含まれる研究はいずれも世界に類を見ない試みであることは確かである。類を見ないということは，単に素晴らしいということではなく，意味がないから誰も手をつけてこなかったという可能性もあるが，その点については読者諸賢にそれぞれ判断してもらいたい。

なお，本研究は主に2012〜2017年頃に筆者が執筆した研究を一つの物語となるよう再構成したものである。本書の執筆にあたって相当程度手を入れ，なるべく最新の知識にアップデートするよう努めたが，移り変わりの早いウェブ上の話も多いため，至らぬ点もあるかもしれない。ただし，自殺という太古の昔からある事象（我が国では，古事記にも自殺に関する記述が散見される）についての記述は，一定の普遍性も有していると思っている。

筆者の自殺に関する態度

最後に筆者の自殺や自殺予防への態度を予め記しておく。なぜならば，自殺という問題は，客観的に語ることが難しく，研究や実践を進める上で，必ず何がしかの価値観が織り込まれてしまうからである。もちろん，研究者としてそのようなことはなるべく意識するようにしてはいるが，至らない点もあると思われる。そこで，まずは私自身の価値観を記し，そのようなバイアスがかかった文章として本書を読んでもらうのが最善の策ということになる。筆者自身の自殺・自殺予防に対する態度は，以下の通りである。

・自分以外の他者が自殺をすることには基本的に反対である。特に，自分と関係の深い人間や目の前にいる人間に自殺の危険が差し迫っている場合には自殺を防ぐためにあらゆる手を使うだろう。
・ただし，もしかすると，熟慮の末に決定された防ぐべきではない自殺もあるかもしれない（多くはないと思うが）。
・以上を勘案し，なるべく多くの人が自殺をしなくても良いような仕組みを社会全体に実装しておくことが望ましい。
・こうした態度をすべての人間に強要することはできない。自殺や自殺予防の

是非についての判断は個人にゆだねられるものである。しかし，「自由意志の尊重」も所詮は一つの価値観にすぎないことは理解しておく必要がある。

　以上のように，本書を読み進める際には，基本的に筆者が自殺予防を推進することを是とする立場に立っていることに留意していただきたい。ただし，自殺を防ぐことについて盲目的に是とする立場でもない（そもそもそのような人間は，第3部にあるように，自殺対策の費用対効果など考えてみようと思わない）。本書は，筆者自身が抱くこのような微妙な心情を整理する試みでもあるが，こうした点も汲み取っていただけると幸いである。

　なお，自殺の概要などの基礎的な情報は，本書では割愛している。日本における自殺の概要は自殺対策白書をウェブ検索で探してもらえれば，厚生労働省のホームページから無料で読むことができる。世界の自殺の概要について知りたければ，2014年に世界保健機関から出た「Preventing Suicide: a global imperative」を読むのが良いだろう。邦訳は，「自殺を予防する：世界の優先課題」であり，自殺総合対策推進センターのホームページで無料で日本語版を読むことができる。

目　次

はじめに　i

第1部　続・インターネットは自殺を防げるか？ …………… 1
第1章　ウェブ・コミュニティでの相談は自殺リスクを下げるか？ ………… 3
第2章　ツイッターで「死にたい」とつぶやく人は本当に自殺するのか？
　　　　………………………………………………………………………… 21
第3章　自殺予防のためにインターネットはどのように活用されているのか？
　　　　………………………………………………………………………… 33

第2部　夜回り2.0 ……………………………………………… 41
第4章　夜回り2.0開始 ………………………………………………… 43
第5章　夜回り2.0における介入の理論的背景 ……………………… 59
第6章　夜回り2.0の成果 ……………………………………………… 79
第7章　夜回り2.0は誰に対して有効か？ …………………………… 89
第8章　夜回り2.0における失敗事例 ………………………………… 99

第3部　自殺予防への態度と啓発活動 ―主に金銭的観点から― … 107
第9章　自殺予防に税金の支払いや寄付をしたいか？ …………… 109
第10章　自殺予防への支払意思額を低める要因とは？ …………… 127
第11章　自殺予防への支払意思額は変えられるか？ ……………… 139
第12章　自殺対策への税金投入に強固に反対しているのは誰か？ … 151

第4部　自殺対策の未来 ……………………………………… 156
第13章　自殺対策の課題 ……………………………………………… 159
第14章　パターナリズム批判を超えて――自殺予防の新しい形 …… 171

あとがき　181
論文初出一覧　185

付録　自殺対策への支払意思額の推計に用いられた質問票　189
引用文献　195
索　　引　211

第1部
続・インターネットは自殺を防げるか？

第1章
ウェブ・コミュニティでの相談は自殺リスクを下げるか？

本章のまとめ

　前著「インターネットは自殺を防げるか？」を踏まえ，自殺関連のウェブ・コミュニティでのコミュニケーションが利用者に与える影響について，大規模な前向きコホート調査を行った。

　インターネットを介して死にたい気持ちを匿名の他者に対して打ち明けることや自殺方法を閲覧することが，その後の自殺念慮の悪化につながっていた。

　匿名の他者にメンタルヘルスの相談をすることは，自殺念慮を悪化させなかったが，抑うつ・不安感の悪化につながっていた。

　自殺関連のウェブ・コミュニティでのコミュニケーションが自殺のリスクを低減させることはなく，どちらかといえばリスクを高めていた。

1-1. 自殺者の心理とインターネット

　はじめに，自殺者の置かれている状態を確認した上で，自殺の予防になぜインターネットが活用できるのかを述べる。

　自殺者の置かれている状態を確認すると大見栄をきったが，実は，自殺で亡くなった者がその直前どのような心理状況であったのか，何を考えていたのか，ということは現在のところ明確には分かっていない。これは少し考えてみれば当たり前のことである。人の考えていることを常にリアルタイムで記録する「何か」ができ，人々がそれを常備するようになった際にそれは初めて明かになる

が（例えば，人々の意識をリアルタイムで刻銘に記録するナノマシンが体内に常駐し，我々の意識を記録し続けるとか，自殺のリスクの高い個人の周囲を常にドローンが飛び回ってその行動をすべて撮影するとか），それまでは，残念ながら不明である。そのため，以下の話には仮説的な部分が大きいことはあらかじめ理解しておいていただきたい。

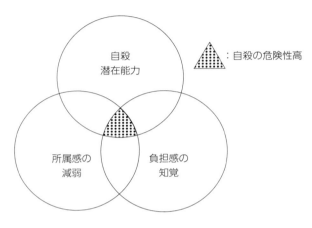

図1-1　自殺の対人関係理論

とはいえ，そのような言い訳ばかりでは何も始まらないので，図1-1を見ていただきたい。これは，トーマス・E・ジョイナーという研究者が提唱した自殺の危険性のアセスメント（評価）に関わる理論で，自殺の対人関係理論（Interpersonal theory of suicide）と呼ばれているものである（Joiner, 2005; van Orden et al., 2010）。この理論は，数少ない将来の自殺関連行動の生起を予測する理論の一つであり，現在，自殺の予測に際してもっとも注目されている理論と言ってよい。この理論によると，自殺が生じる際には，我々に三つの状態が生じていると考えられる。

一つ目は，身についた自殺潜在能力（Acquired Capability for Suicide）の高まりである。自殺潜在能力とは，自らを傷つける際に生じる恐怖や疼痛に耐える力のことである。通常，我々は自身の身体に危害を加えることに多大な恐怖を覚える。それが致死的なものであればなおさらである。自殺が生じる際に

は，その恐怖心が克服されていなければならない。ここでは，その恐怖心を克服するものを自殺潜在能力と仮に呼んでいる。自殺潜在能力は，特定の行動（例えば，度重なる過去の自殺企図や自傷行為，自己注射などによる薬物使用，身体的な暴力）の習慣化によって高まり，一度高まった場合，この能力が低下するには時間がかかると考えられている。

　二つ目は，所属感の減弱（Thwarted Belongingness）である。これは，我々が一般的に使う孤独感や疎外感といった言葉とほとんど同義のものである。我々が他者から疎外され孤立化した際に自殺の影は忍び寄ってくるということである。自殺潜在能力とは違い，こちらは比較的短期で変化する可能性があると考えられる。

　最後は，負担感の知覚（Perceived Burdensomeness）である。これは，大切な他者にとって自らが負担になっているという感覚のことを指している。無職者や引退した高齢者に自殺が多いのは（厚生労働省，2016），このためではないかと推測される。この感覚は，所属感の減弱と同様，比較的短期で変化する可能性があるとされている。

　この三要素が高まり合わさりあった際に自殺は生じる。所属感が減弱し，負担感の知覚があると，人は自殺を考えるようになる（自殺念慮の発生）。その際に，自殺潜在能力が高く，実際に致死的な危害を自身の身体に加えることができれば，自殺が生じることになる。逆に，三つが同時に高まらなければ，自殺は生じないとも考えられる。例えば，自殺潜在能力が高かったとしても，所属感があり，負担感も知覚していなければ，死にたいと思わないため，自殺は発生しない。あるいは，所属感が減弱し，負担感が知覚されたことによって自殺念慮が生じたとしても，自殺潜在能力が低ければ死に切ることができないため，やはり自殺は発生しない。

　それでは，自殺の対人関係理論に照らし合わせると，どのようにすれば自殺予防ができることになるであろうか。この理論によれば，所属感の減弱と負担感の知覚は短期間で変化しうるものであり，自殺潜在能力は短期間で変化するものではないと考えられている。そのため，仮に同時に三要素が高まっているとすれば，自殺潜在能力は変化しにくいので介入せず，所属感の減弱と負担感の知覚に介入することになる。これらはいずれも短期間で変化する可能性があ

るが，負担感の知覚は思考であり，所属感の減弱（孤独感の高まり）は感情に属するものであるため，後者の方がより迅速に変化する可能性が高い。そのため，自殺を予防するためには，まず，自殺のリスクの高い者の孤独感を和らげ，人とのつながりを感じさせることが第一ということになる。

　このような事実は，自殺の対人関係理論が提唱される前から経験的に知られていた。そのため，自殺への危機介入の際には，まず共感的に話を聞き，心の絆を作る必要性が何度となく強調されてきた（危機介入における共感的対話のあり方については，第2部第5章の原論文「自殺への危機介入における共感的対応の精緻化の試み」を参照）。

　そして，メディアは古くから（インターネットの普及以前から），自殺の危機介入に用いられてきた。メディアとは元来，「あいだにあるもの」のことであり，それは，人と人をつなぐものであったからである。日本においてよく知られたものとしては，いのちの電話のような一定の訓練を受けたボランティアによる傾聴サービスがある。近年では，いのちの電話も電話のみならずメールによる相談を受けている。

　インターネットを含むメディアが自殺予防に特に活用されるのは，メディアを介したコミュニケーションが相談者に匿名性を保証するからという側面もある。自殺の危険が高まった者は，負担感を知覚している。つまり，自分は周囲の他者や大切な人の負担になっていると思い，そのための解決策が分からず，死にたくなっている。そのような状態になると知り合いにこそ相談しづらくなる。なぜならば，「死にたいから助けて欲しい」と訴えることは，自分が迷惑をかけたくないその大切な他者に（少なくとも一時的には）さらなる迷惑をかけることにつながるからである。迷惑をかけるような自分が嫌だから死にたいのであるから，当然さらなる迷惑になるようなことを自殺のリスクが高まった者は行えない。一方，身近な他者ではなく，少し離れている人に素性を知られず話が聞いてもらえるのであれば，誰かの迷惑になっているという感覚もそこまで強くは生じない。それ故に，自殺への危機介入においてメディアは重宝されてきたのであろう。

1-2. インターネット・コミュニティと心理的問題

　こうした状態にさらに新しい変化を加えたのが，インターネット利用の爆発的な普及である。2000年頃にはインターネット利用はかなり一般的なこととなったが（総務省，2016），そこで生じた自殺とも関わる現象の一つは，ある種の問題（例：死にたい気持ち）を有する人がその問題をネット上で曝すことを通じて注目を集め，それを短期的に自身の生きる力に変える（何らかの欲求を満たす）というものである。これはインターネットの持つ人と人をつなぐ力／コミュニケーションを促進する力によって生じた，インターネット普及以後の世界で顕著に見られる現象である。自殺に関わりの深い事象としては，例えばそれはリストカット等の自傷行為の痕を公開することであったり，「死にたい」と言ってまわることであったりする。こうした人々の注目を集める問題には枚挙にいとまがなく，かなり広範な行動がその対象となる。こうした行動の中には，インターネットでの公開当初は問題ではなかったものの，公開現象がエスカレートするにつれて問題化していくものもある（例：ダイエット画像の公開がエスカレートし，摂食障害に類する状態となる）。それがほどほどの状態であれば適応的な行動であるものの，状態がエスカレートすると問題化するという点はある種の精神障害と同一の構造を有していると言うことができる（例：1日5回の手洗いは適応的でも，1日50回の手洗いは強迫性障害となる可能性がある）。

　他者から集められた注目は多くの場合，慰め・共感・賞賛・助言といった形で，問題を起こし公開した者にとっての好子／強化子となり，その問題行動はエスカレートしていく。自殺に関わる問題行動の場合はそのほとんどがマネタイズされておらず，金銭的欲求を見たすというよりも，何らかの心理的欲求を満たす（例：孤独感の低減）ために起こされているように見える。こうした現象の持つ力は非常に強力であり，場合によっては自殺を引き起こすことさえある。2010年には，自殺の様子をインターネット生配信した事例が多大な社会的注目を集めた。問題行動の配信方法についてはその時の支配的なウェブメディアがどのようなものかによって変化していくものの，問題の構造自体は同

一である。

　この現象は必ずしも問題行動を配信する者のみによって引き起こされているわけではなく，原因の一端は問題行動を起こしている者に注目や援助を与える側にもある。問題行動を配信する者に対して，慰め・共感・賞賛・助言を与える者は，自身も類似の問題を抱えており，援助的行動によって支援者自身が癒されている（ヘルパー・セラピー効果）場合が多い（末木，2013a）。そのため，問題行動を配信する者と類似の問題を抱える者は，積極的に援助を提供するようになり，「問題の配信→慰め・共感・賞賛・助言」というログが大量に蓄積していく。このログを読んだ類似の問題を抱える別の者は，自分自身が共感を得ているかのような錯覚を覚えることで，安心を得ることができる。そのため「問題の配信→慰め・共感・賞賛・助言」にはアテンションが集まる。このログへのアクセス（注目）の集中は，さらなる問題行動の配信を誘発する。筆者が前著『インターネットは自殺を防げるか』（末木，2013a）内で調査を行い，指摘したのは，自殺サイトの利用者に生じていた上記のような循環的構造である。

　こうした現象が今までのメディアを介して行われていた自殺予防と異なるのは，相談をする者とされる相手がどちらも問題を抱える者であり，かつ，その構造自体もかなり流動的で入れ替わりも激しい（ある日に相談者だった者が翌日には被相談者になることもある）ということである。そして，これはあくまで個人的な感想であるが，そのようなボランティア精神に基づくウェブ上の匿名他者間の相談活動には，どこか美しく，癒される感覚があったのである。

　2010年頃の筆者は，自殺予防は将来的にウェブ上での匿名他者のコミュニティにおける相互的な共感的コミュニケーションが中心となって行われていくだろうと考えていた。筆者は，博士課程が終わろうとしていた2011年に，その後の進路として日本学術振興会の特別研究員（PD）になるため，自殺予防のためのウェブ・コミュニティを運営し，その効果の検証をするという計画書を出していた。

1-3.「インターネットは自殺を防げるか？」の問題点

　しかし，実際にはこれまでの研究には（自分で言うのもなんだが）大きな問題があった。その最大の問題点は，死にたいインターネット利用者間が行っている共感的なコミュニケーションや相談活動が，果たして本当に自殺予防的な効果を有しているのかについての科学的な根拠が薄かったことである。

　前著（末木, 2013a）では，30人ほどの自殺サイト利用者や自殺サイトの管理人にインタビューをしている。また，140人ほどの自殺サイト利用者にウェブ上でアンケートを行い，自殺サイトの利用動機や自殺サイトから受けた影響について回想してもらった。そこでは，いずれも自殺サイトにおける共感的なコミュニケーションに自殺予防的な意味があるといった結果が出てきたし，そのような主旨の発言が得られた。しかし，そもそもインタビューを受けてくれたような人というのは，その時メンタルヘルスの状態が悪くなかった者であろうし，自殺サイトから悪影響を受けたような人はアンケートに回答してくれない可能性が高い（サンプリング・バイアスの問題）。また，アンケートやインタビューの回答には回想が入っている。人間の記憶はかなりいい加減であり，自殺サイト上でどのようなコミュニケーションをして，結果としてどのような影響を受けたのかは定かではない。もちろん，何もやらないよりはインタビューや一時点でのアンケートをやった方が良いのであるが，それよりもよい研究方法はあるはずである。

　そこで，自殺サイト利用者がサイト利用から受けた影響を明らかにするための縦断調査を行うこととした。これによって，回想にまつわる問題や，サンプリングのバイアスを避けることができるからである。

1-4. 方　法

調査手続き

　2011年1月，国内の大手インターネット調査会社の保有するアンケートモニターを対象にスクリーニング調査を実施した（図1-2参照）。本調査では，

予算と調査会社の保有するモニター数から，20，30，40代の各世代について2万人分の回答が得ることを目標として質問紙の配信を行った。各世代内での性別・居住地などの構成割合は調査時点で最新の（平成17年度の）国勢調査に準じた。調査会社から提供された予想回答率から配信数を決定し調査を行った結果，配信数744,806名に対し108,206名の回答が回収された（調査協力率：14.5％）。なお，スクリーニング調査の配信・回収数の詳細は表1-1の通りである。

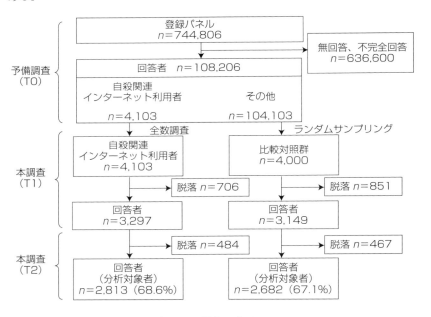

図1-2　調査のプロセス

表1-1　スクリーニング調査における質問紙の配布数及び回収数の詳細

	20代		30代		40代	
	男性	女性	男性	女性	男性	女性
配布数	191,157	123,014	149,593	110,014	95,333	75,695
回収数	13,886	13,487	22,320	17,449	24,134	16,930
回収率（％）	7.3	11.90	14.9	15.9	25.3	22.4

配布数は，各世代で2万人ずつの回答が得られるよう想定回収率から逆算
各世代内での性別，居住地などの割合は平成17年度の国勢調査に準じた

スクリーニング調査（T0）において「過去一ヵ月以内に，インターネットを通じて匿名他者に対してメンタルヘルスに関する相談をした」「過去一ヵ月以内に，インターネットを通じて匿名他者に対して自殺したい気持ちを打ち明けた」「過去一ヵ月以内に，インターネットを通じて自殺方法に関する情報を閲覧した」「これまでに，インターネットを通じて匿名他者に対して自殺したい気持ちを打ち明けたことがある」のいずれかの項目に「はい」と回答した4,103名を自殺関連のインターネット利用群とし，全員に対して質問紙の配信を行った。また，比較対照群として，スクリーニング調査の回答者108,206名から上記の4,103名を除いた104,103名からランダムに4,000名を選び（比較対照群），質問紙の配信を行った。

　1回目の調査（T1）の結果，自殺関連のインターネット利用群については3,297名（回収率：80.4%），比較対照群については3,149名（回収率：78.7%）分の回答が回収された。縦断調査の2回目は（T2），1回目の6週間後に，1回目の調査に回答したすべての者を対象に実施された。自殺関連のインターネット利用群は2,813名（回収率：85.3%），比較対照群については2,682名（回収率：85.2%）分の回答が回収された。

　調査実施時の倫理的配慮について説明する。本研究は東京大学ライフサイエンス委員会倫理審査専門委員会による審査（登録番号10-24）を経た上で実施されたものである。先行研究においては，自殺に関する質問紙調査の実施が自殺念慮を悪化させることはないという結果が存在する（Gould et al., 2005）。ただし，調査対象者の中には自殺の危険性の高い者が含まれる可能性がある。そこで，調査協力者に対し，調査の説明及び参加の同意を得る段階において，質問紙の閲覧・回答による気分変容の可能性があることの周知を徹底した。また，スクリーニング段階において1か月以内に自殺の計画／企図をした自殺の危険の高い者を除外した上で本調査を実施した。さらに，本調査の質問紙への回答中に，適宜，援助資源となる連絡先への情報を相談内容別にリストしたホームページへのリンクを表示した。

質問項目
　自殺念慮，絶望感，抑うつ／不安傾向，孤独感については，1回目の本調査

及び2回目の本調査で質問された。ストレス・コーピングと自殺関連行動歴については1回目の調査で実施された。

　自殺念慮については，日本版自殺念慮尺度を用いた（大塚ら，1998）。この尺度はScale for Suicide Ideation（Beck et al., 1979）を翻訳して作成されたものであり，1因子13項目（3件法）からなる（項目例：あなたは自殺の準備をしていますか）。得点は，自殺念慮が高いと思われる方から0—2点が与えられる。大塚ら（1998）は大学生344名に対しこの尺度による調査を実施し，信頼性及び妥当性が確認されている（Cronbach's α =.85）。なお，原尺度（19項目3件法）は他者評定法であったが，邦訳に際し日本の社会文化的な環境を考慮した設問に変更した上で自己評定法とされている。

　絶望感については，日本版ベック絶望感尺度20項目を用いた（Tanaka et al., 1996）。この尺度はBeck Hopelessness Scale（Beck et al, 1974）の日本語版であり，20項目それぞれについて「はい（1点）」か「いいえ（0点）」の2件法で尋ねている。Tanaka et al.（1996）は大学生160名に対してこの尺度を用いた調査を実施し，信頼性及び妥当性を確認した。なお，Kuder-Richardson 20によって算出された信頼性係数は.86であり，十分な内的一貫性を有していると考えられる。

　抑うつ・不安傾向については，日本版K6（6項目）を用いた（Furukawa et al., 2008）。各項目は「全くない（1点）」から「いつも（5点）」の5件法で尋ねられた（項目例：神経過敏に感じましたか，気分が沈み込んで何が起こっても気が晴れないように感じましたか）。原尺度はKessler et al.（2002）が項目反応理論に基づき提案した精神疾患を効率よく拾い上げるスクリーニング尺度であるK10の短縮版であり，General Health Questionnaireと比較しても，さらにスクリーニングすべき標的疾患の検出力が高くなっていることが確認されている。再翻訳法によって作成された日本語版についても，オリジナルと同等のスクリーニング・パフォーマンスを示すことが明らかになっている（Furukawa et al., 2008）。

　孤独感については，落合（1983）が作成した孤独感の類型判別尺度の下位尺度であるLSO-U（Loneliness Scale by Ochiai-U）を用いた（項目例：私のことに親身に相談相手になってくれる人はいないと思う）。各項目は「はい」から「い

いえ」の5件法で尋ねられ，孤独感の低い方（人間同士が理解・共感できると感じている方）から-2，-1，0，1，2点が与えられた。なお，この尺度は，Revised UCLA Loneliness Scale（Russell et al., 1980）との関連から妥当性が確認されている。また，1か月及び6か月の間を開けた再検査法によって信頼性を検討した結果，高い信頼性（$.66 < r < .83$）を有することが確認されている。

ストレス・コーピングについては，大学生用ストレス自己評価尺度改訂版の下位尺度であるコーピング尺度14項目を用いた（尾関，1993）。この尺度は，その時点で個人が経験している最も重要なストレッサーに対するコーピングをできるだけ簡便に測定することを意図して作成されたものであり，積極的なコーピングとしての問題焦点型5項目（項目例：現在の状況を変えるよう努力する）と情動焦点型3項目（項目例：自分で自分を励ます），消極的なコーピングとしての回避・逃避型6項目（項目例：先のことをあまり考えないようにする）の3つの下位尺度からなる。各項目は，「全くしない（0点）」から「いつもする（3点）」の3件法で尋ねられた。尾関（1993）は，大学生599名への調査によってこの尺度の信頼性・妥当性を確認している。各因子の内的一貫性を示す$α$は順に.75，.66，.72となっており，項目数を考えれば十分は数値を示していると考えられる。なお，この尺度は実施前に自由記述形式にて，最近ストレスを感じたことを挙げるよう求めている。

統計的分析

自殺関連のインターネット利用を行っていた群と比較対象群との比較を行った。二群の比較の際，量的な従属変数に対してはt検定を，質的な従属変数にはカイ2乗検定を用いた。自殺関連のインターネット利用の影響が利用者の自殺念慮等のメンタルヘルスの状況に与える影響を明らかにするために，重回帰分析を行った。T1からT2における自殺念慮・絶望感・抑うつ／不安傾向・孤独感の変化を従属変数とした。独立変数には，自殺関連のインターネット利用の有無を用いた。分析に際しては，デモグラフィック要因やコーピング・スキルの影響を除外するために，これらの変数を順次，分析モデルに追加していった。モデル1は，T1の自殺念慮・絶望感・抑うつ・不安傾向・孤独感のみを

調整したものである。モデル2では，調整要因としてモデル1で用いたものに，調査協力者の学歴，婚姻状況，世帯年収，飲酒状況，喫煙状況，精神科受診，インターネット利用時間を加えた。モデル3では，調整要因としてモデル2で用いたものに，各種のコーピング・スキル得点（問題解決，感情焦点，逃避／回避）を加えた。これらは，分析に際して交絡要因になると考えられたものである。検定には，SPSS Statistics ver. 19.0を用い，有意水準は5％（両側）とした。

1-5．結　果

調査協力者の概要

調査の結果，最終的な分析対象者は5,495名おり，その内，女性は43.3％であった。平均年齢は35.5歳（標準偏差=7.8）であった。自殺関連のインターネット利用群は2,813名，比較対象群は2,682名であった。各群の詳細は表1-2を参照されたい。性別と学歴のみ二群間で差は見られなかった。自殺関連のインターネット利用群は，コーピング・スキルのレベルが低く，メンタルヘルスの状況が悪かった。また，すべての項目において自殺関連行動歴がある者の割合が高かった。

自殺関連のインターネット利用の影響

表1-3は，自殺関連のインターネット利用の有無が利用者の自殺念慮を含むメンタルヘルスの状態に与える影響を検討した結果である。いずれのモデルにおいても，自殺関連のインターネット利用と自殺念慮（$\beta = 0.38$［95％CI: 0.20–0.55］）および抑うつ／不安感（$\beta = 0.37$［95％CI: 0.12–0.61］）の増加の間には統計的に有意な関連が見られた。絶望感と孤独感の変化と自殺関連のインターネット利用の間に関連は見られなかった。

表1-4は，自殺関連のインターネット利用の種類と，利用者の自殺念慮を含むメンタルヘルスの状態に与える影響の関連を検討した結果である。自殺念慮の吐露（1か月より前）（$\beta = 0.37$, 95％CI: 0.17–0.57）と自殺念慮の吐露（1か月以内）（$\beta = 0.45$, 95％CI: 0.26–0.63）と自殺念慮の増加の間には統計的に

表1-2 調査協力者の概要

	自殺関連インターネット利用群 ($n = 2,813$)		比較対象群 ($n = 2,682$)		差分	p
デモグラフィック項目（T1）						
性別，男：n（％）	1587	(56.4)	1529	(57.0)	−0.6	0.663
年齢：平均（標準偏差）	34.1	(7.9)	36.9	(7.5)	−2.8	<0.001
学歴，中卒／高卒：n（％）	825	(29.3)	729	(27.2)	2.1	0.082
婚姻状況，婚姻中以外：n（％）	1724	(61.3)	1140	(42.5)	18.8	<0.001
世帯年収，400万円未満：n（％）	1092	(38.8)	731	(27.3)	11.5	<0.001
飲酒（毎日）：n（％）	1315	(48.5)	498	(53.8)	−5.3	0.001
喫煙（毎日）：n（％）	873	(31.0)	59.3	(21.7)	9.3	<0.001
現在の病院受診：（％）	1248	(44.4)	693	(25.8)	18.6	<0.001
現在の精神科／心療内科受診：（％）	658	(23.4)	119	(4.4)	19.0	<0.001
インターネット利用時間／日：平均（標準偏差）	3.5	(1.4)	2.7	(1.6)	0.8	<0.001
自殺関連のインターネット利用（T0）						
自殺念慮の吐露（1か月より前）：n（％）	1292	(45.9)	0	(0)	45.9	<0.001
自殺念慮の吐露（1か月以内）：n（％）	331	(11.8)	0	(0)	11.8	<0.001
匿名他者へのメンタルヘルスの相談（1か月以内）：n（％）	497	(17.7)	0	(0)	17.7	<0.001
自殺方法の閲覧（1か月以内）：n（％）	1242	(44.2)	0	(0)	44.2	<0.001
ストレス・コーピング（T1）：平均（標準偏差）						
問題解決	6.0	(3.2)	6.5	(3.1)	−0.5	<0.001
感情焦点	3.5	(2.4)	4.5	(2.3)	−1.0	<0.001
逃避／回避	8.5	(3.7)	9.2	(3.7)	−0.7	<0.001
T1 メンタルヘルス得点：平均（標準偏差）						
自殺念慮	8.5	(5.7)	2.4	(3.3)	6.1	<0.001
絶望感	13.0	(5.0)	8.4	(5.0)	4.6	<0.001
抑うつ／不安傾向	17.0	(5.9)	11.0	(4.6)	6.0	<0.001
孤独感	1.1	(8.7)	−5.0	(8.1)	6.1	<0.001
T2 メンタルヘルス得点：平均（標準偏差）						
自殺念慮	8.0	(5.7)	2.4	(3.3)	5.6	<0.001
絶望感	13.0	(4.8)	8.6	(4.8)	4.4	<0.001
抑うつ／不安傾向	16.7	(6.1)	11.1	(4.8)	5.6	<0.001
孤独感	0.9	(8.8)	−4.9	(8.1)	5.8	<0.001
自殺関連行動歴（T1）：n（％）						
自傷行為	874	(31.1)	209	(7.8)	23.3	<0.001
自殺の考え	2091	(74.3)	764	(28.5)	45.8	<0.001
復讐としての自殺の考え	972	(34.6)	247	(9.2)	25.4	<0.001
唯一の問題解決としての自殺の考え	1691	(60.1)	463	(17.3)	42.8	<0.001
自殺の計画	1246	(44.3)	228	(8.5)	35.8	<0.001

有意な関連が見られた。匿名他者へのメンタルヘルスの相談（1か月以内）と自殺念慮の変化には統計的に有意な関連は見られなかった。自殺念慮の吐露（1か月より前）（β = 0.30, 95%CI: 0.02–0.58）と抑うつ／不安傾向の増加には統計的に有意な関連が見られた。匿名他者へのメンタルヘルスの相談（1か月以内）・自殺方法の閲覧（1か月以内）と抑うつ／不安傾向の増加にも統計的に有意な関連が見られた。絶望感と孤独感の変化と各種の自殺関連のインターネット利用の間に関連は見られなかった。

1-6．考　察

　自殺念慮の吐露と自殺方法の閲覧は自殺念慮を高める影響を有していた。匿名の他のインターネット利用者とのメンタルヘルスに関する相談は自殺念慮を高めていなかったが，抑うつ／不安傾向を高めていた。本研究は自殺関連のインターネット利用の影響を検討した世界的に見ても最も規模の大きな（そしてほぼ初の）前向きコホート調査であったが，自殺関連のインターネット利用が自殺のリスクを低減する影響は検出されなかった。むしろ，自殺のリスクを高めていた。『インターネットは自殺を防げるか？』（末木, 2013a）で論じた，死にたくなってしまった者同士が匿名で相談を行うコミュニティが自殺を予防するという仮説は幻想であったと言える。

　ただし，本研究で見出された自殺関連のインターネット利用に関する効果量（影響力の大きさ）は比較的小さなものであった。利用者の追跡期間は6週間と短かったが，その間に自殺関連のインターネット利用によって0.37–0.55点スコア得点が増加したのみである。つまり，インターネット利用は自殺のリスクを増加させる可能性はあるが，その程度はそれほど大きくないということである。

本研究の限界

　本研究には，以下のような限界がある。第一に，本研究の結果の一般化可能性は限定的である。本研究の調査協力者はインターネット調査会社の登録パネルである。また，スクリーニング調査の協力率（14.5%）はインターネット調

第 1 章　ウェブ・コミュニティでの相談は自殺リスクを下げるか？

表 1-3　自殺関連のインターネット利用のメンタルヘルス得点への影響

	自殺念慮 (T2-T1)			絶望感 (T2-T1)			抑うつ/不安感 (T2-T1)			孤独感 (T2-T1)		
	β	95%CI	p	β	95%CI	p	β	95%CI	p	β	95%CI	p
モデル 1	0.40	0.23–0.57	<0.001	0.05	−0.13–0.23	0.590	0.56	0.31–0.80	<0.001	−0.04	−0.39–0.32	0.835
モデル 2	0.36	0.19–0.53	<0.001	0.07	−0.11–0.26	0.423	0.38	0.13–0.63	0.003	0.00	−0.36–0.36	0.994
モデル 3	0.38	0.20–0.55	<0.001	0.11	−0.07–0.29	0.242	0.37	0.12–0.61	0.004	0.04	−0.32–0.41	0.815

CI：Confidence interval（信頼区間），太字：p<0.05
モデル 1（最小調整モデル）：調整された変数は、T1 の自殺念慮・絶望感・抑うつ/不安傾向・孤独感のみ
モデル 2：調整された変数は、モデル 1 で用いたものに、調査協力者の学歴、世帯年収、婚姻状況、飲酒状況、喫煙状況、精神科受診、インターネット利用時間を加えた。
モデル 3（最大調整モデル）：調整された変数は、モデル 2 で用いたものに、各種のコーピング・スキル得点（問題解決、感情焦点、逃避/回避）を加えた。

表 1-4　自殺関連のインターネット利用の種類とメンタルヘルス得点への影響の関連

		自殺念慮 (T2-T1)			絶望感 (T2-T1)			抑うつ/不安感 (T2-T1)			孤独感 (T2-T1)		
		β	95%CI	p	β	95%CI	p	β	95%CI	p	β	95%CI	p
モデル 1	自殺念慮の吐露（1 か月より前）	0.41	0.21–0.60	<0.001	0.07	−0.13–0.28	0.480	0.51	0.23–0.79	<0.001	−0.13	−0.54–0.23	0.534
(1 か月以内)	自殺念慮の吐露（1 か月以内）	0.62	0.30–0.94	<0.001	−0.24	−0.58–0.10	0.163	0.31	−0.15–0.78	0.186	0.07	−0.61–0.75	0.834
	自殺方法の閲覧（1 か月以内）	−0.10	−0.35–0.16	0.447	−0.09	−0.36–0.18	0.516	0.54	0.17–0.91	0.004	−0.13	−0.67–0.40	0.629
モデル 2	自殺念慮の吐露（1 か月より前）	0.41	0.23–0.60	<0.001	0.02	−0.17–0.21	0.835	0.29	0.02–0.55	0.033	0.23	−0.16–0.62	0.247
(1 か月以内)	自殺念慮の吐露（1 か月以内）	0.36	0.16–0.55	<0.001	0.06	−0.14–0.27	0.551	0.31	0.02–0.59	0.033	−0.04	−0.46–0.37	0.836
	自殺方法の閲覧（1 か月以内）	0.55	0.23–0.88	0.001	−0.20	−0.55–0.14	0.244	0.10	−0.36–0.57	0.668	0.24	−0.44–0.93	0.484
	匿名他者へのメンタルヘルスの相談（1 か月以内）	−0.16	−0.41–0.10	0.230	−0.04	−0.31–0.23	0.785	0.36	−0.01–0.73	0.059	0.05	−0.49–0.59	0.850
モデル 3	自殺念慮の吐露（1 か月より前）	0.43	0.24–0.62	<0.001	0.05	−0.14–0.25	0.601	0.26	−0.01–0.53	0.056	0.13	−0.26–0.52	0.519
(1 か月以内)	自殺念慮の吐露（1 か月以内）	0.37	0.17–0.57	<0.001	0.08	−0.12–0.29	0.432	0.30	0.02–0.58	0.038	−0.02	−0.43–0.40	0.936
	自殺方法の閲覧（1 か月以内）	0.55	0.23–0.88	0.001	−0.18	−0.52–0.16	0.297	0.10	−0.36–0.57	0.662	0.26	−0.42–0.94	0.459
	匿名他者へのメンタルヘルスの相談（1 か月以内）	−0.15	−0.41–0.11	0.248	−0.01	−0.28–0.26	0.959	0.34	−0.03–0.71	0.069	0.09	−0.45–0.63	0.738
	自殺方法の閲覧（1 か月以内）	0.45	0.26–0.63	<0.001	0.08	−0.12–0.27	0.455	0.26	−0.01–0.53	0.062	0.16	−0.24–0.55	0.433

CI：Confidence interval（信頼区間），太字：p<0.05
モデル 1（最小調整モデル）：調整された変数は、T1 の自殺念慮・絶望感・抑うつ/不安傾向・孤独感のみ
モデル 2：調整された変数は、モデル 1 で用いたものに、調査協力者の学歴、世帯年収、婚姻状況、飲酒状況、喫煙状況、精神科受診、インターネット利用時間を加えた。
モデル 3（最大調整モデル）：調整された変数は、モデル 2 で用いたものに、各種のコーピング・スキル得点（問題解決、感情焦点、逃避/回避）を加えた。

査の常であるものの低いものとなっている。つまり，インターネット調査会社のモニターの中でも，とりわけ本調査の内容に関心を有するような者が回答した可能性が高い。第二に，この研究の追跡期間は6週間と短期のものである。長期的に追跡をした場合，異なる結果が得られる可能性がある。第三に，この結果は匿名の他者との相談やコミュニケーションの影響を示したものであり，プロの支援者がオンラインで支援を行った場合に得られる効果を示したものではない。

1-7．その後の展開

　以上に紹介したように，インターネットを介して行われる死にたい者同士のコミュニケーションには自殺予防的な効果は見られなかった。前著『インターネットは自殺を防げるか？』(末木, 2013a)で披露した構想は夢物語であった。
　このような結論を受け入れることは，それほど容易なことではなかった。ここでは繰り返しになるので詳細には紹介しないが，実は私はもう1回類似の調査を行い，自殺関連のインターネット利用の影響を確認したのであった。その際には，追跡期間を約3か月に変えたり，別の調査会社を使ってみたり，といったことをした（詳細はSueki (2013a) を参照）。そのようにすれば，上記とは異なる結果が得られるかもしれない，前著で披露した構想は夢物語なんかじゃないと言えるかもしれない，と期待したからである。
　得られた結果は，本章で紹介した結果とほぼ同様のものであった。ネットを介して自殺方法を探したり見たりすると死にたい気持ちは強くなる。そして，匿名の見知らぬ誰かに相談をしても，状況は好転しないか，むしろ悪くなっているように見える，ということである。そちらの調査では，実はメンタルヘルスの状態が悪くなるとネット利用の量が増えるという関連も見られた。つまり，人は死にたくなるとネットで誰かに相談をし，相談をしても良くはならないので，さらにネット利用が増えるという悪循環である。
　二度あることは三度あるもので，ドイツで行われた類似の調査でも (Scherr et al., 2016)，自殺に関するインターネット利用と自殺のリスクの変化について，私がそれまでに二度行っていた調査とまるっきり同じ結果が出された。つ

まり，人は死にたくなるとネットで誰かに相談をし，相談をしても良くはならないので，さらにネット利用が増えるということである。

　人は死にたくなった際に，ネットで誰かに相談をしたりしたくなる。この傾向自体は自殺予防に使うことができる。ただし，ネット上の匿名性の高いコミュニティで自殺を防ぐことはできない。この事実を私はこうして受け入れた。

第2章
ツイッターで「死にたい」とつぶやく人は本当に自殺するのか？

> 本章のまとめ
> 　代表的SNSの一つであるTwitterにおいて自殺関連のつぶやきをしている者の自殺のリスクを検討した。
> 　20代のインターネット調査会社のモニター1,000人に対して自記式のオンライン質問紙調査を行った。
> 　「死にたい」とか「自殺したい」といった自殺願望に関するつぶやきを発している者は，そうではない者と比べて自殺のリスクが高かった（自殺念慮／関連行動歴を有する者の割合が統計的に有意に高かった）。

2-1．新しい着想を求めて

　前章までに見たように，死にたい／自殺したいといった思いを抱えている者が匿名の他のインターネット利用者と共感的なコミュニケーションを行ったり，相談をしたりすることは自殺のリスクを低減することに寄与していなかった。そのため，インターネットを自殺予防に活用するためには，それ以外の方法を模索する必要があった。
　着目したのはソーシャル・ネットワーキング・サービス（以下，SNS）である。日本におけるSNSの草分け的存在であるmixiは2004年にスタートしている（なお，FacebookとTwitterの日本語版の利用開始は2008年，LINEは2011年である）。これは私が大学生の頃である。それ以前，つまり1990年代後半か

ら2000年頃まで，インターネット上の自殺に関するコミュニケーションは主に電子掲示板上で行われていた。2000年代前半に練炭を使用したネット心中が流行したが，その相手を募集したのは，電子掲示板が主な舞台であった。もちろん，今現在でもそのようなサイトは存在するが，SNSの利用が一般化してきた2000年代後半からは，自殺に関するコミュニケーションの舞台はSNSへと移っていったと言って良い。『インターネットは自殺を防げるか？』(末木, 2013a) の調査を行っていた頃（2000年代後半）はその移行期であり，mixiの中にある自殺関連のコミュニティの利用者にも調査を行った。こうしたコミュニティの利用者の自殺のリスクは，その他のSNS利用者やインターネット利用者に比べて高そうであり，このような人たちに何らかの形で支援を提供すれば，それは効果的な自殺対策になりそうであった。これが，本章の調査の行った頃の，筆者の漠然とした感覚である。

　近年の日本におけるSNSは三強の時代と言って良い。最近約1年以内に利用した経験のあるSNSを尋ねた質問では（総務省, 2015），LINE（37.5%），Facebook（35.3%），Twitter（31.0%）の順で利用率が高いことが明らかになっている。この中でも，筆者が特に着目したのはTwitterであった。LINEはそもそもLINE上で行われている通信内容を第三者が見ることは困難である。そのため，LINE利用者の自殺の危険性は他者からは知りようがなかった（もちろん，プラットフォームの提供者はそうではないが，LINEは通信の秘密を「盾」に通信内容を管理することはしていない）。Facebookは顕名のサービスであり，面識のある友人とのつながりを維持するために利用するものであった。Facebook上で死にたい気持ちに圧倒されている利用者がその気持ちを表明する可能性はなくはなかったが，「死にたい」気持ちは知り合いだからこそ伝えられないという場合も多かった。また，なにより，Facebook（やInstagram）の利用者は（Twitterの利用者に比べて）リア充そうである（FacebookやInstagramにはキラキラした投稿が多い）。もちろん，これは筆者の偏見である。

　一方で，Twitterは匿名で利用することが一般的であり，「死にたい」という投稿であふれていた。Twitterもリアルでの知り合いとの関係維持のために用いられることもあったが，その場合には，アカウントを複数作り，用途によって使い分けられていることが多かった。いわゆる裏アカの使用である。Yahoo!

のリアルタイム検索などで「死にたい」と検索してもらいたい。このようなTwitterへの投稿は，簡単に見つけることができる。

しかし，こうした投稿に対して暖かい言葉が向けられることは少ないか，ほとんどない。「死にたい」の表明は，他者の注目を引くために行われるものであり実際には死なないとか，本当に死ぬような人はそのような投稿はしない，などと思われているためである。このような誤解はSNSが存在する以前からよくある誤解なのであり，自殺に関する研究者はこのような「神話」を否定している（高橋, 2014）。

このような誤解が生じる理由はおそらく二つある。第一の理由は，そもそもほとんどの人は自殺をしないからである。実際に「死にたい」と口にしたからといって，その人が即自殺をするケースは確かに稀である。しかし，「死にたい」などといったことを口にしない人と比較すれば，「死にたい」と口にする人の自殺のリスクは圧倒的に高い。そして第二の理由は，「死にたい」人を助けるのが大変だからであろう。「死にたい」気持ちが高まっている人に対しての対応の基本は，相手の話を共感的に傾聴することである（末木, 2013b）。これは経験談でしかないが，しっかりと話を聞けば，数時間あれば「死にたい」気持ちはおさまってくる可能性が高い。しかし，10分やそこらでできるものではない。このような大変な作業を人々はやりたくない。死にたい人が楽しい話をしてくれることはないため，話を数時間にわたり共感的に聞くという作業は実に大変である。そのため，人々はこのような作業をしなくて良いように，合理化を行う（合理化とは，精神分析でいう防衛機制の一種であり，イソップ童話の「すっぱい葡萄」の話が具体例として有名である）。本当に死んでしまう人は心にかたく自殺の決意を固めているものであり，口に出したりはしない，ということは，「死にたい」と現に言っているこの人は死なないし，死なないのであれば放っておいても大丈夫，という具合である。しかしこれは，「死にたい」に対応をしなければならない側の願望であり，その願望は「死にたい」人の自殺のリスクとは何の関係もない。

SNSに関する調査を行った当時（2015年），Twitterの利用と自殺のリスクに関する研究は2件だけ行われていた。自殺に関するツイートの量と自殺率の間に地理的関連があることはアメリカのデータによって示されていた

(Jashinsky et al., 2014)。また，一名の自殺既遂者の既遂直前のTwitterのログデータの分析から，Twitterが遺書のような役割を果たす場合があることが示唆されていた (Gunn et al., 2012)。しかしながら，実際にTwitterで「死にたい」と孤独につぶやいている人の自殺のリスクの程度を確認した人はいなかった。そこで本研究では，Twitterで「死にたい」や「自殺したい」といったつぶやきをしている人が本当に自殺のリスクがあるのか否かを明らかにした。

2-2．方　法

研究デザイン

　本章の調査はインターネット調査会社のモニター（20代）を対象とした自記式の質問紙を用いた横断調査である（調査の概要は図2-1を参照）。

　予備調査ではTwitterの利用状況に関する質問が行われた。質問の内容は，「Q1：あなたはツイッターのアカウントを持っていますか。」「Q2：あなたは，ツイッターで，日常的につぶやいていますか。」「Q3：これまでに，ツイッターで「死にたい」とつぶやいたことがある」「Q4：これまでに，ツイッターで「自殺したい」とつぶやいたことがある」であり，回答は「はい」か「いいえ」の二択であった。これらの回答をもとに，調査協力者を4群（Twitterアカウントなし群，非アクティブTwitter利用者群，アクティブTwitter利用者（自殺関連ツイートなし）群，アクティブTwitter利用者（自殺関連ツイートあり）群）に分類した。Q1を「いいえ」と回答した者をTwitterアカウントなし群とした。Q1を「はい」，Q2を「いいえ」と回答した者を非アクティブTwitter利用者群とした。Q1・Q2を「はい」，Q3・Q4の両方を「いいえ」と回答した者をアクティブTwitter利用者（自殺関連ツイートなし）とした。Q1・Q2を「はい」，Q3・Q4のいずれかに「はい」と回答した者をアクティブTwitter利用者（自殺関連ツイートあり）とした。

　本調査は，これらの4群から最終的に250名ずつの協力が得られるように，各群に振り分けられた者にランダムに調査の依頼を行って回答を求めた。最終的にはやや多めの回答者が得られたため，調査会社との契約に基づき，ランダムに調査協力者のデータを除外し各群250名のデータが筆者に納入された。

第2章 ツイッターで「死にたい」とつぶやく人は本当に自殺するのか？

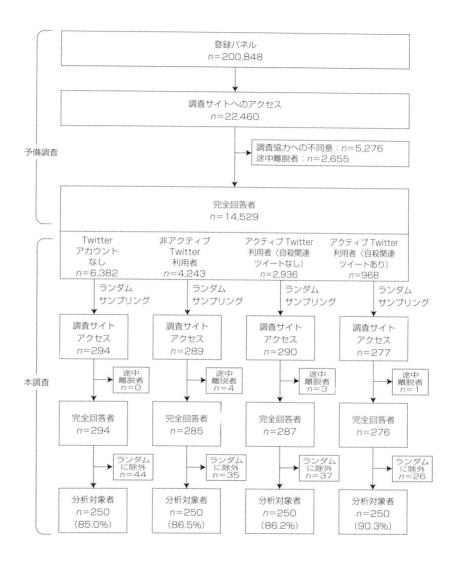

図2-1 調査の流れ

質問紙

調査協力者は,Twitterの利用状況(上述のQ1-4,最近の自殺関連のつぶやき状況,アクセスに用いるデバイスの種類),自殺関連行動歴,抑うつ/不安傾向,デモグラフィック特性(性別,年齢,学歴,婚姻状況,世帯年収,就業状況,飲酒状況,通院状況)に関する回答が求められた。自殺関連行動については,自傷行為の有無(あなたはこれまでに,刃物や鋭利なものなどを使って,わざと自分の身体を傷つけたことがありますか),自殺念慮の有無(あなたはこれまでに,本気で死んでしまいたいと考えたことがありますか),自殺の計画の有無(あなたはこれまでに,真剣に死ぬことを計画したことがありますか),自殺企図の有無(あなたはこれまでに,自殺を試みたことがありますか)が二肢選択形式(はい/いいえ)で質問された。また,これらの自殺関連行動が過去1か月以内に生じたか否かも質問された。抑うつ/不安傾向はK6を用いて測定した。K6の詳細は前章を参照されたい。

統計的分析

筆者に納入された1000名分のデータを対象に,各項目の記述統計量を算出し,4群の間に差があるか否かを検討した。従属変数が量的変数の場合は分散分析を用い,質的変数の場合はカイ2乗検定を用いた。

次に,自殺関連ツイートの有無と自殺のリスクの関連をロジスティック回帰分析を用いて検討した。独立変数はQ1-4,従属変数は各自殺関連行動の有無であった。この分析を実施するにあたっては,潜在的交絡因子(抑うつ/不安傾向,デモグラフィック特性)の影響を除外するために,これらの変数をモデルとして組み込んでオッズ比,95%信頼区間を算出した。分析はすべてSPSS 21.0 for Windows(SPSS Inc., Chicago, IL, USA)を用いた。

2-3. 結 果

予備調査の結果

表3-1が予備調査の結果である。予備調査を完了した者は14,529名であり,Twitterアカウントなし群は6,382名,非アクティブTwitter利用者群は4,243名,

アクティブTwitter利用者(自殺関連ツイートなし)群は2,936名,アクティブTwitter利用者(自殺関連ツイートあり)群は986名であった。調査完了者の56.1%はTwitterのアカウントを有しており,26.9%は日常的につぶやいていた。7.7%は「死にたい」と,2.5%は「自殺したい」とつぶやいたことがあった。7割以上の利用者はパソコンかスマートフォン経由でTwitterにアクセスしていた。すべての項目に統計的に有意な男女差が見られ,女性は「死にたい」とつぶやく傾向がある一方で,男性は「自殺したい」とつぶやいていた。

表3-1 予備調査の結果

	合計 ($n = 14,529$)		女性 ($n = 10,299$)		男性 ($n = 4,233$)		$p^{1)}$
Twitter利用状況:n (%)							
アカウント:あり	8,147	(56.1)	5,746	(55.8)	2,401	(56.8)	0.286
日常的つぶやき:あり	3,904	(26.9)	2,824	(27.4)	1,080	(25.5)	0.020
自殺関連のつぶやき:n (%)							
「死にたい」:あり	1,114	(7.7)	819	(8.0)	295	(7.0)	0.047
「自殺したい」:あり	361	(2.5)	212	(2.1)	149	(3.5)	<0.001
自殺関連のつぶやき(1か月以内):n (%)							
「死にたい」:あり	478	(3.3)	308	(3.0)	170	(4.0)	0.002
「自殺したい」:あり	227	(1.6)	117	(1.1)	110	(2.6)	<0.001
アクセスデバイス:n (%)							
パソコン	10,667	(73.4)	6,930	(67.3)	3,737	(88.3)	<0.001
スマートフォン	11,503	(79.2)	8,580	(83.3)	2,923	(69.1)	<0.001
タブレット	1,548	(10.7)	912	(8.9)	636	(15.0)	<0.001
フィーチャーフォン	1,134	(7.8)	691	(6.7)	443	(10.5)	<0.001
ゲーム機	1,257	(8.7)	588	(5.7)	669	(15.8)	<0.001

p値は男女差を検定したカイ2乗検定の結果

本調査の結果

表3-2が本調査の協力者の概要である。1,000名のうち,61.3%は女性であり,平均年齢は24.9歳(標準偏差2.9)であった。性別,世帯年収,就業状況を除き,すべての変数に4群間に統計的に有意な差異が見られた。

表3-3が自殺関連ツイートの有無と自殺関連行動歴の関連をロジスティック回帰分析で検討した結果である。分析の結果,「死にたい」のつぶやきは,自殺念慮(オッズ比=2.53 [95%信頼区間:1.61-3.99])と自殺の計画(オッズ比=2.55 [95%信頼区間:1.56-4.17])と関連していた。「自殺したい」のつぶやきは,自傷行為(オッズ比=1.87 [95%信頼区間:1.03-3.41]),自殺念慮(オッ

表 3-2　本調査の協力者の概要

	Twitterアカウントなし ($n = 250$)		非アクティブTwitter利用者 ($n = 250$)		アクティブTwitter利用者（自殺関連ツイートなし）($n = 250$)		アクティブTwitter利用者（自殺関連ツイートあり）($n = 250$)		検定	p
デモグラフィック特性										
男性：n (%)	90	(36.0)	108	(43.2)	88	(35.2)	101	(40.4)	カイ2乗分析	0.212
年齢：平均（標準偏差）	26.2	(2.5)	25.2	(2.7)	24.3	(2.9)	24.1	(3.0)	分散分析	<0.001
学歴：中卒・高卒：n (%)	89	(35.6)	76	(30.4)	65	(26.0)	60	(24.0)	カイ2乗分析	0.022
婚姻状況：未婚・死別・離別：n (%)	161	(64.4)	184	(73.6)	200	(80.0)	212	(84.8)	カイ2乗分析	<0.001
世帯年収：400万円未満：n (%)	119	(47.6)	113	(45.2)	114	(45.6)	101	(40.4)	カイ2乗分析	0.419
就業状況：無職：n (%)	33	(13.2)	37	(14.8)	23	(9.2)	26	(10.4)	カイ2乗分析	0.197
飲酒状況：週1回以上：n (%)	78	(31.2)	100	(40.0)	129	(51.6)	143	(57.2)	カイ2乗分析	<0.001
通院状況：現在通院中：n (%)	75	(30.0)	77	(30.8)	79	(31.6)	115	(46.0)	カイ2乗分析	<0.001
通院状況：現在精神科あるいは心療内科に通院中：n (%)	12	(4.8)	14	(5.6)	16	(6.4)	55	(22.0)	カイ2乗分析	<0.001
メンタルヘルスの状況										
抑うつ・不安傾向（Cronbach's $\alpha = 0.93$）	6.5	(5.9)	6.8	(5.9)	7.4	(6.2)	11.0	(6.6)	分散分析	<0.001
自殺関連行動歴：n (%)										
自傷行為	37	(14.8)	47	(18.8)	46	(18.4)	74	(29.6)	カイ2乗分析	<0.001
自殺念慮	126	(50.4)	115	(46.0)	108	(43.2)	179	(71.6)	カイ2乗分析	<0.001
自殺の計画	45	(18.0)	45	(18.0)	36	(14.4)	99	(39.6)	カイ2乗分析	<0.001
自殺企図	29	(11.6)	29	(11.6)	25	(10.0)	72	(28.8)	カイ2乗分析	<0.001
1か月内の自殺関連行動：n (%)										
自傷行為	2	(0.8)	2	(0.8)	3	(1.2)	34	(13.6)	カイ2乗分析	<0.001
自殺念慮	25	(10.0)	26	(10.4)	22	(8.8)	88	(35.2)	カイ2乗分析	<0.001
自殺の計画	6	(2.4)	3	(1.2)	6	(2.4)	43	(17.2)	カイ2乗分析	<0.001
自殺企図	0	(0)	2	(0.8)	1	(0.4)	21	(8.4)	カイ2乗分析	<0.001

表 3-3　ロジスティック回帰分析の結果

| | 自傷行為 | | | | 自殺念慮 | | | | 自殺の計画 | | | | 自殺企図 | | | |
| | | 95% CI | | | | 95% CI | | | | 95% CI | | | | 95% CI | | |
	OR	下限	上限	p	OR	下限	上限	p	OR	下限	上限	p	OR	下限	上限	p
アカウントあり	1.40	0.85	2.30	0.188	0.78	0.53	1.16	0.221	0.93	0.56	1.52	0.763	0.90	0.51	1.61	0.733
日常的つぶやきあり	0.90	0.57	1.43	0.654	0.81	0.55	1.20	0.291	0.69	0.42	1.14	0.143	0.79	0.44	1.39	0.411
「死にたい」のつぶやき	1.08	0.67	1.77	0.745	2.53	1.61	3.99	<0.001	2.55	1.56	4.17	<0.001	1.67	0.95	2.94	0.073
「自殺したい」のつぶやき	1.87	1.03	3.41	0.040	0.79	0.42	1.50	0.470	1.92	1.07	3.46	0.030	3.48	1.89	6.42	<0.001

CI：Confidence interval（信頼区間）　OR：Odds ratio（オッズ比）　太字：$p<0.05$

ズ比 = 1.92［95％信頼区間：1.07-3.46］)，自殺企図（オッズ比 = 3.48［95％信頼区間：1.89-6.42］)と関連していた。Twitterのアカウントを有していることや，日常的につぶやいていることと自殺関連行動歴の間に統計的な関連は見られなかった。

2-4．考 察

　20代のTwitter利用者で「死にたい」とつぶやいたことがある者はそうでないものと比べ，自殺念慮を抱いた経験や自殺の計画を立てた経験が約2.5倍あり，約1.7倍自殺企図をしている可能性が高かった。また，「自殺したい」とつぶやいたことがある者は，そうでないものと比較し，約1.9倍自傷行為をし，自殺の計画を立て，約3.5倍自殺企図をしたことがある可能性が高かった。つまり，確かに，「死にたい」とか「自殺したい」といった自殺願望に関するつぶやきを発している者は，そうではない者と比べて自殺のリスクが高かった。過去の自殺企図歴が将来の自殺を予測する最も強力な因子であることを考慮すれば，「死にたい」とつぶやく者よりも「自殺したい」とつぶやく者の方が，より自殺のリスクが高いと考えられる。

　この調査の信頼性は高いものである。なぜならば，前章で示した大規模前向きコホート調査の内容と整合的な結果を示しているからである。前章の調査では，自殺関連のインターネット利用を行っている者は，そうでないものと比較し，自殺関連行動／念慮歴を有する者の割合が統計的に有意に高かった。このような傾向は，他の類似の調査でも同様である（Harris et al., 2009; 2014)。これらを勘案すれば，我々はTwitterでの利用者のつぶやきの内容を分析することを通じて，利用者の自殺のリスクを推定することが可能であると結論づけることができる。また，当初の仮説のように，「死にたい」「自殺したい」とつぶやく者は単にそのような表現によって他者の注意を引きたいのではなく（もちろん，そうした目的を持つ者がゼロということではないが)，現に自殺のリスクを抱えている可能性が高いということができる。

　その他，本研究のデータで特に興味深い点は，つぶやきの性差である。「死にたい」というつぶやきは女性の方が多く発するのに比して，「自殺したい」

は男性の方が多い。日常的につぶやいている者の割合は女性の方が多いため，必然的にある種類のつぶやきをしたことがある者の割合は当然女性の方が高くなりそうであるが，「自殺したい」については逆転が生じている。そもそも自殺には性差があり，男性は女性の約2倍自殺のリスクが高い。このことを考慮すると，死にたいほど辛い状況に置かれた際に，男性の方が自殺という特定の死の形式に意識が向かいやすいのかもしれない。

ただし，本研究は，①インターネット調査会社のモニターのみに対する調査であり，②調査対象者の年齢が若年層に偏っているといった限界を有している。そのため，この結果は必ずしもTwitter利用者全体に対して一般化できるとは限らない。

2-5．その後の展開

本研究の結果，確かに「自殺したい」とか「死にたい」とつぶやいている人は自殺念慮があり，過去に自殺企図歴がある可能性が高いことが明らかになった。これは，自殺の対人関係理論から考えれば，自殺潜在能力も自殺念慮も有する状態ということであり，自殺のリスクはやはり高いと言えるだろう。それではこのような自殺のリスクのある者にどのようにすれば支援を届けられるだろうか。

実は，筆者がこのようなことをぐるぐると考えている間に，実際にサービスを作ってしまった人たちがいた。2014年秋にイギリスのサマリタンズ（日本における「いのちの電話」の源流）が自殺予防のためのアプリを作ったのである。その名も，サマリタンズ・レーダー（Samaritans Radar）である。このアプリは，利用者がツイッターアカウントを登録すると，そのアカウントがフォローしているツイッター利用者のつぶやき内容をレーダーが自動的に分析し，フォローしている者のつぶやきの中に自殺の危険性があると判断されるようなものがあった際に通知が来る，という仕組みである。そうすれば，きっと自殺のリスクの高いつぶやきをしたその誰かは，フォロワーから優しいメッセージがもらえるだろうという目論見である。

どのようなつぶやきを自殺のリスクのあるものと判断するのか，その根拠は

何かといったことは明かされなかったが、それ以前にこのアプリは大炎上した。サービス開始から1か月の時点でサービスが停止され、半年後にはそのアプリが二度と再開されないことがサマリタンズから発表された。それほどの批判が殺到したのである。

　筆者から見たところ、このアプリの仕組み自体は自殺予防に資するもののように思われたが、アプリ自体は炎上の上に消滅し、Twitterを活用した自殺予防構想は（世界的に見ても）大きく後退した。炎上の背景には、アプリの抱える個人情報の保護に関する問題もあったが、その核には、パターナリズムの問題やインターネット関連技術を用いた監視社会への警戒感があった。簡単に言えば、自身のツイート内容が勝手に分析され、自殺のリスクが割り出され、それが自分のフォロワーに丸見えになることが気持ち悪いし、そこからいきなりおせっかいをされるかと思うと気が滅入るということである（この問題は最終章で再度扱う）。

　Twitterにかかわらず、インターネット上には利用者が知らず知らずと残していく利用の足跡がある。それを辿り、何らかの形で活用されていくことは今後増えることはあれ、減ることはない。そのような痕跡を用いれば、自殺のリスクが高い人もいずれはもっとより高い精度で割り出せるようになる。しかし、自殺に関する予防は他の形式の死亡対策と異なり、ここから先が問題になる。病気で死にたい人はいないため、健康診断を義務化し、そのデータをもとに病気を早期発見し、病院を受診せよという警告が来ることに文句を言う人はそうはいない。しかし、自殺の場合、死の自己決定は自由意志によるべきであると考える人がいるため、勝手にその人の「こころ」を分析し、自殺のリスクが高いから支援を受けよというお節介な（パターナリスティックな）メッセージを送れば、強い反発が来ることになる。そもそも、このような研究をしている筆者ですら、サマリタンズ・レーダーのような仕組みは少し気持ち悪いと思ってしまう。

　仮にSNS上のデータなどを駆使して自殺のリスクの高い個人を特定することが可能であったとしても、その者に対して一方的に支援を届けるなどといった強引なサービスは構築できない。パターナリズム批判を受けず、自由意志を尊重し、それでも自殺を予防するようなサービスを提供するためには、もうひと

ひねり必要だったのである。

第3章 自殺予防のためにインターネットはどのように活用されているのか？

> 本章のまとめ
> 　インターネットを活用した自殺予防に関する取組についてのレビューを，国内外を問わず行った（レビューを行ったのは2014年時点）。
> 　レビューの結果，有望な取り組みとして，援助資源マッチングに関する研究，ピア・サポートに関する研究，専門家による介入に関する研究が見られた。
> 　インターネットは，自殺の危機に瀕する人の減弱した「助けを求める力」を補い，適切な支援者へとつなげるためのツールとして活用することが望ましい。
> 　インターネットを介して提供される認知・行動療法には，自殺念慮を低減させる力がある可能性がある。
> 　インターネットを活用した支援は始まったばかりの領域であり，質・量ともに研究が十分に蓄積されているとは言い難い。

3-1．新しい取り組みの萌芽

　前章までに見たように，死にたい／自殺したいといった思いを抱えている匿名のネット利用者で構成したコミュニティを自殺予防に活用することは現状できていなかった。また，SNSを利用することも難しそうであった。Twitterで「死にたい」とか「自殺したい」とつぶやいている者の自殺のリスクはそうでないネット利用者よりも高かったが，そのような者を効果的に支援していく方法は未だに見つかっていなかった。

そこで，本章では，国内外で実施されたインターネットを活用した自殺予防に関する研究のレビューを行った結果を紹介する。自分の抱える悩み（自殺予防にインターネットをどのように活用すればよいのか分からない）を個人の力のみで解決することはできなくても，世界中の多くの人が（その悩みに意味があるものであれば）既に色々なことを考えており，実は解決されているという場合は少なくない。

レビューの結果，インターネットを活用した自殺予防に関する研究は大きく，援助資源マッチングに関する研究，ピア・サポートに関する研究，専門家による介入に関する研究の三種類に分けることができた。以下，援助資源マッチングに関する研究では，ウェブ上に残されたデータから自殺の危機にさらされた人々を同定し，適切な援助資源につなげる活動に関する動向が紹介される。ピア・サポートに関する研究では，自殺に関するオンライン・コミュニティの効果に関する研究が紹介される。最後に，専門家による介入に関する研究では，Eセラピーや自殺予防教育に関するウェブサイトの効果が紹介される。

3-2．援助資源マッチング

援助資源マッチングとは，何らかの問題を抱えた人の持つ潜在的な援助ニーズと専門的支援との間をうめ，支援を必要としている人に必要な支援が届く環境を構築することである。支援を必要としている人，つまり，自殺の危険が高まっている人は「死にたい」という気持ちと「生きたい」という気持ちの間で揺れている状態にあり（Shneidman, 1993），自発的に支援を求めることが難しくなっている。しかし，彼ら／彼女らは「死にたい」という気持ちの裏側によりよく生きたいという思いを有している。そのため，インターネットを活用し，よりよく生きるために専門的支援を適切に活用できるような環境を準備することが望ましい。

インターネットを活用した援助資源マッチングに関する代表的な研究は，検索エンジンの利用データから，自殺ハイリスク者を見つけ出すというものである。この種の研究においては，自殺ハイリスク者が「死にたい」「自殺したい」「自殺方法」といった自殺に関する検索語をウェブで検索することが明らかに

なれば，検索者に対して何らかの働きかけを行うことで，援助資源へとつなげることが可能になるということが想定されている。検索エンジンの利用履歴から自殺を含めた何らかの問題の有無や広がりを明らかにする研究は，情報疫学（infodemiology）という領域として，様々な問題を対象に発展してきている（Eysenbach, 2009）。その代表例は，インフルエンザの流行予測に関する研究である（日本のデータの分析は末木（2011a）を参照）。自殺と検索エンジンの利用データの検討も，インフルエンザにおける流行予測の成功を転用したものである。

　これまでの研究により自殺関連語の検索行動と自殺の間には関係があることが明らかになっている。自殺関連語の検索量と自殺率との時系列的関連や地域的関連を検討した研究が最も多いタイプの研究である（Gunn et al., 2013; Hagihara et al., 2012; McCarthy, 2010; 末木, 2013a; Yang et al., 2011）。この手の研究報告はGoogleが検索クエリデータを公開しているため，世界中で爆発的に増加しており，現在では数えられないほどの報告が見られる。また，自殺関連語の検索と自殺の危険性の関係はインターネット利用者への質問紙調査によって明らかにされている。自殺関連語の検索をしたことがある者はそうでない者に比べ，自殺関連行動をしたことがある割合が有意に高い（末木, 2013a）。何件かの既遂自殺では，自殺の直前に自殺方法をインターネットで検索したことが確認されたという報告もある（Gunnell et al., 2012）。上記した多くの研究が示すように，自殺関連語のウェブ検索と自殺の生起との間には明確な関連が存在する。

　自殺関連語のウェブ検索を行う者は自殺の危険が高いため，その検索に対して広告を出すことにより必要な援助資源へと検索者がアクセスする可能性は高まる。例えば，「死にたい」や「自殺したい」といった自殺関連語をYahoo!JAPANの検索エンジンで検索すると，自殺予防総合対策センター（2016年4月1日からは自殺総合対策推進センター）が作成している「いきる・ささえる相談窓口（都道府県・政令指定都市別の相談窓口一覧）」へのリンクが検索結果の目立つ位置に表示されるといった試みが2000年代から実践されている。しかし，こうした活動の効果については十分なエビデンスがあるとは言い難い。今後の活動の発展・洗練およびエビデンスの蓄積が望まれる。

ここまで援助資源マッチング研究の代表として検索エンジンを活用したものを挙げてきたが，その他の方法でも援助資源マッチングは実行可能である。その他の方法の代表例は，SNSの活用である。Facebookでは，一部の国において，利用者が自殺念慮等を示唆する書き込みをした際に，専門家にそれを通知する機能が備えられている。また，前章で示したようにTwitterの利用データから自殺ハイリスク者を割り出すための試みはいくらかの蓄積があり，Twitterで自殺関連のつぶやきをすることと自殺との関連が示唆されている（Jashinsky et al., 2014）。Twitterは検索エンジンとは異なり，広告を出すだけではなく，ダイレクトにメッセージをやりとりすることが可能である。広告を出して相談が来るのを待つだけではなく，支援者がより支援を必要とする者に積極的にアウトリーチすることを可能にしているという点で，従来のサービスとは異なる仕組みを作ることも可能だと考えられる。ただし，パターナリズム批判を超えてどのようなサービスを提供できるのかは不明である。

　以上のように援助資源マッチングの効率化を可能とするための基礎的研究は進んでいるが，実際には，それを実践した例はほとんどなく，自殺予防効果のエビデンスも存在しない。こうした取り組みを詳細に進めた世界初の具体的な実践例こそが第二部で詳細に報告する夜回り2.0である。

3-3．ピア・サポート

　ピア・サポートは自殺予防において非常に重要な位置を占めるものである。ピア・サポートは自殺の危険性を高める要素の一つである孤独感を低減する可能性を持っているからである。ピア・サポートによる自殺予防活動の代表例は，電話を利用した危機介入（例：いのちの電話）であり，この活動はメディアとの親和性が高い。インターネットの普及により，自殺の危険性の高い者同士が直接メッセージのやりとりをするという新たなタイプのピア・サポートも生まれた。既に見た通り，残念ながら，このような活動の影響は自殺予防的なものであるとは言い難い。

　しかし，単に死にたいというだけの素人同士の相談ではなく訓練されたボランティアを介在したサポートであれば，効果に関して異なる結果が得られるか

もしれない。電話での危機介入を拡張し，訓練されたボランティアを活用したメール・チャット・電子掲示板等での相談活動に関する事例は世界中に存在する（Barak, 2007; Gilat & Shahar, 2009）。こうした活動の効果を量的に検討した研究はないが，質的に検討した研究は存在する。ある研究（Greidanus & Everall, 2010）では，電子掲示板を用いた相談の場を生成し，訓練を受けたボランティアが24時間体制で監視する状態で相互相談活動を促したところ，やりとりには共感的なコメントやアドバイスが多く見られ，ヘルパー・セラピー効果（相談の受け手が心理的回復を見せること）が見出されたと結論づけられている。ただし，これは量的な検討を行ったものではないため，より厳密なデザインでの効果研究では異なる結果が得られる可能性がある。

　ピア・サポートによる孤独感の低減は自殺予防における重要な活動であるが，これをインターネット上で実施し，適切な管理がなされていない場合には，自殺誘発的な影響を有する可能性がある。こうした活動を行う場合には，最低限，しっかりとした専門的知識，一定の訓練を受けたボランティアの参画が必要である（それでも不十分な可能性は高い）。

　今まさに死にたい状態にある人のみならず，自殺によって遺された者へのインターネットを活用したピア・サポートも多数展開されている。自死遺族による対面式の自助グループ活動は国内でも多数行われているが，こうした活動はオンラインに移行しても満足度・有効性は変わらないという指摘がある（Feigelman et al., 2008; Hollander, 2001）。こうしたオンライン・コミュニティは，対面式と同様，自らの経験を語るための場として機能しており，自死遺族の自殺の危険性を下げる効果を有することが予想される。しかし，こうしたオンライン・サービスが悲嘆過程に与える影響に関する量的研究は実施されていない。

3-4. 専門家による介入

　専門家によるサービスや知識の提供をオンライン化した自殺予防に関連するサービスも多数存在する。その具体例を挙げると，大きく，心理療法の一つである認知行動療法をインターネットを介して提供するEセラピーと，主に専門

家や支援者を対象とした自殺予防に関する教育サービス，一般向けウェブサイトの三つに分けることができる。Eセラピーと自殺予防に関する教育については，効果に関する一定のエビデンスが蓄積されている。Eセラピーには自殺念慮を低減するものと，自殺の背景にあるうつ病の治療を行うものがある。自殺予防に関する教育は直接的に自殺予防に寄与するものではないが，支援者やゲートキーパーを養成することを通じて自殺予防に寄与するという間接的効果が期待できる。

Eセラピーは自殺予防に一定の効果があると考えられる。Eセラピーの一つには，自殺念慮を減らすためのiCBT（internet Coginitive Behavioral Therapy）がある。iCBTが自殺念慮の低減に寄与したとする報告は少なくとも2014年時点で4件ある（Christensen et al., 2013; van Spijker et al., 2012; van Spijker et al., 2014; Watts et al., 2012）。この中で自殺予防に特化したiCBTのランダム化比較試験は1件のみであり（van Spijker et al., 2014），この研究は統制群に比べて自殺念慮を減少させる効果があることを示している。ただし，自殺念慮の減少に対する効果量のサイズはいずれも小さい。また，これらの研究の従属変数が既遂自殺や自殺企図ではない点は限界点である。しかし，他の対策に比較すると研究デザインやエビデンスの質は高い。

また，自殺の危険因子であるうつ病に対するiCBTの効果研究は多数あり，メタ分析によって頑健な効果が認められている（Andersson et al., 2009; Andrews et al., 2010）。その結果，軽度から中等度のうつ病に対するiCBTは，英国国立医療技術評価機構におけるうつ病への治療ガイドラインにも組み込まれた。うつ病へのiCBTは低コストで効果の認められた心理療法を提供することを通じて，自殺予防に寄与する可能性がある。

自殺ハイリスク者が多数含まれるコミュニティ内でハイリスク者を早期に同定し，援助資源へとつなぐ「ゲートキーパー」の養成は，効果的な自殺予防戦略の一つである（Mann et al., 2005）。ゲートキーパー教育の方法は確立され，効果も検証されている（Isaac et al., 2009）。一般にこうしたプログラムを受けると，自殺・自殺予防に関する知識が増加し，危機介入に関する自己効力感が増加する。ゲートキーパー教育プログラムの中には既にオンライン化され，教育効果が検証されているものもある（Lancaster et al., 2014）。オンライン化

されたゲートキーパー教育プログラムを自殺ハイリスク者が多数存在するウェブ・コミュニティ内で利用可能にすることによって，自殺予防効果が創出されることが期待される。

自殺予防を目的とし一般向けに作成されたウェブサイトについても，一部その運用状況及び効果が検証されている。ここで紹介するウェブサイトは，既に紹介したEセラピーや自殺予防教育とは異なり，目的限定的（例：治療・教育）に作成されていない点が異なる。自殺予防を目的として作成されたウェブサイトの閲覧者への質問紙調査によると（末木，2013a），ネット心中相手や効果的な自殺方法を探している最中に自殺予防サイトに立ち寄り閲覧をする者が少なからずいることが示唆されている。また，自殺に関する客観的な情報を得ることが自殺に関する理解感を増加させることを通じて自殺念慮を低減させる可能性があることが示唆されている。

自殺方法への認知的・物理的アクセスを防ぐことは自殺を予防することにつながる。インターネット上の自殺方法関連情報へのアクセスを減少させる方法はいくつかあるが，自殺関連のウェブサイトの内容を管理者に働きかけが変更していくことは難しい（Jorm et al., 2010）。また，自殺方法関連情報を含むサイトを規制することにも限界がある。そのため，新規に自殺予防的な情報を含むウェブサイトを増やしていくことが重要である。

3-5．まとめ

ここまで総覧した支援について，自殺の危険因子・保護因子との関連を一覧にすると，以下のようになる。

表3-1　インターネットを用いた支援と自殺の危険・保護因子との関連

対策	自殺予防効果（危険因子・保護因子との関係）
援助資源マッチング	援助希求力の補填
ピア・サポート	孤独感の減少 ※ただし，適切な管理・運営がなされる場合に限る
専門家による介入	Eセラピー　　　　　　　自殺念慮の減少　うつ病の治療 自殺予防に関する教育　（直接効果なし）　支援者の知識・自己効力感の増加 一般向けウェブサイト　自殺念慮の減少，自殺方法関連情報へのアクセスの減少

本章ではインターネットを活用した自殺予防のための支援についてのレビューを行ったが，本章で取り上げた各支援のエビデンスレベルは必ずしも高くない。一般的に十分なエビデンスが確立されている支援・介入という場合には，ランダム化比較試験による研究，あるいはそうした研究を積み上げた上での系統的レビュー・メタ分析が必要とされる。しかしながら，本レビューで取り上げた研究にこうしたものはほとんど存在しない。インターネットを活用した自殺予防の実践はまさにこれからの領域であり，研究の蓄積が望まれる。

　インターネット上の新しいサービスの影響を検討することは可能かつ重要なことであるが，サービスや技術の刷新のスピードに研究のスピードは追いつくことができない。そのため，あるサービスや技術の影響の検討が終わる頃には，そのようなサービス・技術を誰も活用していないということが生じる。インターネットを活用した支援やインターネットの影響の検討については，そのようなことが生じやすい領域である。例えば，昨今，利用率の上がっている無料通話・メールアプリ LINE（ライン）については，若年者の利用に対する多くの懸念が表明されているが，LINEの影響を検証し終える頃には，次のサービスに流行は移り変わっているかもしれない。

　そのため，特定のサービスや技術の影響を検討するのみならず，新しいサービスや技術から悪影響を受けやすい人がどのような人なのか，そのような人をどうすれば自殺の危険から遠ざけることができるのか，という点も検討していく必要があるだろう。新しい通信技術やサービスは我々の生活をより良いものにすることを目的に作られるが，時として悪い影響を及ぼすこともある。その悪い影響を受けやすい特性を持った人々がどのような人なのかを検討することができれば，次の世代の技術・サービスが開発された際に，そこからいち早く自殺対策を策定することが可能になるはずである。

第2部
夜回り2.0

第4章 夜回り2.0開始

本章のまとめ
　自殺方法等の言葉を検索する者に無料のメール相談を受ける旨の広告を出すことによって，オンライン・ゲートキーパー活動を行うことができる。
　メールでの相談活動を通じて，実際に対面で支援を受けるように促すことができる。
　メール相談の実際の活動がどのようなものであったのか，5つの支援事例の内容を具体的に提示した。

4-1．オンライン・ゲートキーパーの誕生

　第1部で詳細に説明したように，筆者は2007年～2013年頃まで，インターネット関連技術をいかに自殺予防に活用するかという観点から研究を進めてきた。その際，特にいわゆる「自殺サイト」上で行われる活動に注意を払ってきた。一般に自殺サイトはネット心中の相手を募ったり，硫化水素の発生方法等の効果的な自殺方法に関する情報を伝達することを目的としていると思われている（思われていた）。しかし，実際には自殺の準備の場として活用されるのみならず，自殺に関する問題を抱えたインターネット利用者同士が相互に相談を行う支援の場としても機能するというアンビバレントな性質を有していた。筆者らが行った大規模なインターネット調査はいずれも，こうしたコミュニ

ケーションが自殺予防的な効果を有していないことを示していた。

　研究の成果が示すことは，つまるところ，インターネットの世界で死にたい思いを抱えた者同士が共感的に話を聞くことによって自殺の危険の高まった者を支えることは，現在のところ難しいということである。支援の輪は，ネットの世界に閉じず，リアルな世界との広がりを作ることに向けられるべきであろうし，その過程には，素人ではなく専門家が介在すべきである。第1部の調査を終えた頃の筆者の考えはそのように変わっていた。しかし，それがどのようにすれば具体化するのかについては，あまりよい案は浮かんでいなかった。ちょうどその頃，筆者は博士課程を終え，幸運なことに大学に就職することができていた。それまで大学での授業を一切したことがなかった筆者は，授業案作りに追われる中で，研究・実践の進むべき道も見えず，授業の忙しさを言い訳にして，研究をさぼっている状態であった。

　今となっては定かに覚えていないが，そのような霧の中にいる際に，以後，多年にわたって共同研究をしていく相手となるNPO法人OVAの代表理事である伊藤次郎氏に出会ったのであった。正確には，出会ったではなく，2013年に出版されたばかりの『インターネットは自殺を防げるか？』を読んで，伊藤氏が筆者に会いに来たのであった。当時はNPO法人といった看板もなく，伊藤氏はそれまでの仕事も辞め，急に思いついた「夜回り2.0」という活動を私財を投げうってただひたすら行っている明らかな変わり者であった。普通に考えると，常軌を逸した行動だと思われる。大学教員の研究室には学生はもちろん，外部から様々な人が訪れるのだが，伊藤氏と初めて会う時には，筆者も「どんな人が来るのだろう？」とやや心配をしたことを記憶している。

　ただ，そんな杞憂は会って1時間もしないうちに吹き飛んだ。伊藤氏の話の趣旨は，当時伊藤氏が始めていた夜回り2.0の活動にはたして意味があるのか？という趣旨のものであった。私は彼の活動に関する構想，実際の相談の様子，自殺予防への熱意や人当たりの良さを見て，この活動に惚れ込んだ。その日のうちに，この活動には多大な意味があること，自分にも協力をさせてもらいたいことを伝えた。

4-2. 夜回り2.0の仕組み

夜回り2.0の仕組みはいたってシンプルである。まず、「自殺方法」や「練炭」「硫化水素」といった自殺を考えている人がウェブ検索をするであろう言葉に対して検索連動型広告を出す（図4-1参照）。広告をクリックすると、そこに無料でのメール相談を行う旨を書いたホームページが出現する。ホームページからはメールが送れるようになっており、そこから相談内容を送信すると、こちらがそれを受信し、返信を行う（開始当時は、すべて精神保健福祉士である伊藤氏）。メール相談の中で相談者の困っている内容や自殺の危険性の評価を行い、適切な援助資源へと導く。おそらく病気の状態であろうと思われる人には近隣の精神科の病院に行くように勧めるし、お金の問題で困っている場合には生活保護が受給できるように促すといった具合である。

図4-1　自殺方法を検索した人への広告例

この仕組みは、第1部で指摘した自殺を考える人同士の共感的なコミュニケーションが抱えていた問題をすべてクリアしている。相談に専門家が介在し、支援がインターネットの世界に閉じていない。それに加えて、この活動には、これまでの自殺予防にはないいくつかの発想が取り入れられていた。

第一に，検索連動型広告をクリックした先にあるウェブサイトの構造がマーケティングの論理を意識したものとなっていた。公的な組織（例：厚生労働省）が相談機関のリストを公開しているウェブサイトは無数に存在するが，このようなサイトは批判を恐れ公平性を重視し過ぎることで，非常に使いづらい仕様になっていることが多い。一方で，夜回り2.0で使われていたサイトは，我々がよく目にする物販用のウェブサイトにそっくりであった。物を買わせるか，相談メールを送らせるかの違いはあれど，ウェブサイトに到着した人を逃さず，通常であれば行わない行動を行うよう促すためには，これまでに鍛え上げられてきたマーケティングの理論が有用であることは疑いようがなかった。

　第二に，これまでメディアを介した自殺予防の主流であった「いのちの電話」に代表される電話相談／メール相談の問題点を補う側面があった。既存のサービスは，ボランティアをベースとして相談者の悩みを共感的に傾聴し，高まった自殺念慮を一時的に低減することを目的としたものである。しかし，こうしたメディア上での共感や傾聴だけでは不十分である。そもそも，相談者がまさに抱えている様々な問題が解決されていかない。そのため，こうしたボランティアベースの共感サービスは依存的な利用者を生み出し，こうした利用者が回線を占有することで他の利用者が電話をかけてもつながらない，という問題が生じてしまっている（もちろん，そこにはボランティアや予算が足りないという問題がそもそもあるが，こうした問題は第3部で扱う）。

　第三に，既存の支援サービスは，相談者からの相談を待つ立場をとっている。しかし，自殺の危険の高まっているものは，他者へ助けを求める力が低くなっていることが明らかにされている（末木，2011b；2017）。そのため，より効果的な自殺予防を行うためには，自殺の危険の高まった者からの相談を待つのではなく，自殺の危険が高まった者が相談しやすいよう，相談行動を起こすまでのコストを低減するような環境を整備しておくことが重要である。

　第四に，自殺関連語のウェブ検索に対して広告を出すことは，自殺のリスクの高い者とつながっていこうと考える際に，非常に効率的な方法である。前章で指摘したように，これまでの情報疫学的研究は，自殺関連語の検索と自殺率との時系列的／地域的関連を示している（Gunn et al., 2013; Hagihara et al., 2012; McCarthy, 2010; 末木，2013a; Yang et al., 2011）。自殺関連語の検索を

したことがある者はそうでない者に比べ，自殺関連行動をしたことがある割合が有意に高い（末木，2013a）ことからも明らかなように，自殺関連語の検索結果画面は，自殺を考える者の「通り道」なのである。この通り道に仕掛けをほどこし，他者とつながる機会を作ることは，自殺の危機にある者の孤独感を低減し，考え方を変えることで効果的な自殺予防方法となるはずである。

　第五に，この活動は，有望な自殺予防の方法の一つであるゲートキーパー活動と類似した活動である。ゲートキーパーとは，コミュニティの構成員が発する自殺のサインに気づき，適切な援助資源へとつなげる役割を担う人のことである。先行研究によると，軍におけるキーパーソンや特定の地域のかかりつけ医に対しゲートキーパーとしての教育（例：自殺のサインを教える）を行うことが自殺率を減少させるという準実験レベルのエビデンスがある（Isaac et al., 2009; Knox et al, 2003; Rutz et al., 1992）。また，いくつかのゲートキーパー活動の効果を検討したコホート研究が，研究対象となったコミュニティ内での自殺率や自殺関連行動の低下を報告している（Hegerl et al., 2006; Szanto et al., 2007）。つまり，自殺のリスクを抱えたものを早期に発見し，その状態を評価した上で，適切な援助を提供してくれる相談機関（例：精神科病院）へと導くことは，有望な自殺対策だということである。夜回り2.0はこれをオンラインに移行したものであると言うことができる。

　私自身は，こうした活動の斬新さと強みに惚れ込み，この活動の支援にのめり込んでいったと言ってよい。実際，出会って半年の時点でそれまでに伊藤氏が既に行っていた活動の概要をまとめ，WHOのシンポジウムでこの活動を報告することができた（Sueki, 2013b）。また，三菱財団から300万円ほどの研究資金を得て，本格的に活動をスタートさせる下地を作ることができた。今から考えると，我ながらなかなかのスピード感で活動したものである。

4-3．初期の夜回り2.0の活動の実際

　それでは，検索連動型広告を介して持ち込まれる相談への支援活動の実際はどのようなものだったであろうか。以下では，夜回り2.0における最初期の援助事例の具体的な進展の様子を紹介する。事例の記述においては，相談に関す

るメールのやりとりの総数を#，相談日をXと記した。また，夜回り2.0の活動を行っている者をゲートキーパーと書いた。なお，これらの事例はプライバシーを守るために一部内容を改変しているものの，基本的には実際のメール相談の記録をもとに作成している。相談記録の研究等への活用については，相談者の同意を得ている。

事例A（25歳・男性）

　Aはインターネット上で効果的で苦しみの少ない自殺方法を探すために検索をしている途中で夜回り2.0の広告を目にし，メールを送った。Aは大学を中退して以降自宅にひきこもっていた。初回の相談メールには，ひきこもっている間に感じた孤独感と無能感が詩のように表現されていた。文字数は1,000字程度もあった（#1）。現在の様子をもう少し詳しく聞きたいとメールを送ると（#2），以下のような様子が語られた。

　#3〜7（〜X+1日）　　大学にうまく馴染むことができなかったAは次第に通学頻度が減少し，1年生の時点でほとんど単位を取得することができなかった。2回ほど休学をした後に，結局退学をすることなり，それ以降はほとんど実家にひきこもった状態になっていて，生活は昼夜逆転している。家族と顔を会わすだけで申し訳ない感じがするため，なるべく自室からも出ず，家族がいない隙を見て食事や近所への外出をしている。正直，この先どうやって生きていけばよいのか分からない。自室にいるときにベルトで首を絞めることがあるが，自室で死ぬとさらに家族に迷惑をかけてしまうと考えると，やり切ることはできないと語る。うつ病性障害および不安障害のスクリーニングとして用いられる日本版K6（Furukawa et al., 2008; Kessler et al., 2002）の得点は16点（／24点満点），自殺念慮・自殺の計画，複数の自殺企図歴があった。精神科への通院歴はなかった。

　#8〜10（〜X+2日）　　Aに対し，生活リズムを整えながら外出し，簡単なバイトをしてみることを当面の目標にしてみてはどうかと提案をした。そのためにも，念のため病院に行った方が良いと思うと伝え，近隣の病院を一緒に探すこととした。大まかな住所地を教えてもらい一緒に病院を探したところ，予約なしで受診することが可能な心療内科の病院が見つかったため，翌日受診

することを約束した。

　#11～12（～X＋3日）　　Aから病院を受診し，薬が処方されたこと，普段は行かないところへ外出し気分が軽くなったことが報告された。それに加え，自己肯定感を高めるためにはどうすれば良いのか，自分が家族の負担にならないためには何ができるか，といった積極的な質問がメールにてなされた。ゲートキーパーは，病院に行けたこと（≒新しい行動ができたこと）を褒めつつ，小さなことから生活を改善していくことをすすめ，昼間は部屋のカーテンをあけることとした。

　#13～18（～X＋30日）　　この間，Aは自発的に図書館に言って自分のネガティブになりがちな考え方を変えるための方法などを模索した。また，10日間程度の短期のバイトをはじめ，友人ができたことが報告された。ゲートキーパーは，Aが新しい行動をはじめ報告してくる度に，それを強化するようメールの返信を行った。

　#19～24（～X＋240日）　　しばらく間をあけた後に，フォローアップのためのメールを送り，最近の様子を尋ねた。いくつかのバイトをしながら生活しているが，ときおり自己否定的になり落ち込むという話がなされた。さらにその半年後，Aから就職が決まったという喜びの報告がなされた。

　事例Aは，メールでのやりとりのみで相談者を専門機関（この場合，心療内科の病院）につなぐことができた。しかし，このように援助事例がメールのみで完結する場合ばかりではない。相談者に自殺の危険が差し迫った場合，ゲートキーパーは相談者から住所等を聞き出し，実際に訪問し対面での支援も行う。以下の二つの事例は，そのような危機介入が必要であった事例である。

事例B（33歳・男性）
　Bは自殺方法に関する検索している途中で広告を目にし，相談のメールを送った。メールアドレスそのものが暴力的な言葉の組み合わせで構成されており，攻撃性の高さがうかがわれた。初回のメールには，自殺を決意したこと，自分が世の中にはいない方がいい人間であると認識したことが短くつづられていた（#1）。アセスメントのために送ったオンライン質問紙の結果から（#2），K6の得点は19点（／24点満点）であること，自殺念慮・自殺の計画，複数

の自殺企図歴があることが明らかになった。しかし，その後の連絡は途絶えてしまった。数日後にフォローアップのメールを送り，連絡を促した（#3）。メールは届いているはずであったが，返信はなかった。

#4～7（～X+45日） 約1か月半後，Bから突然メールが届いた。内容は自殺を実行するという宣言であった。自殺をする理由も合わせて述べられており，そこからは，ギャンブル依存になっていること，その結果として金銭的なトラブルを抱え，交際相手にも迷惑をかけていることが述べられていた。また，その生い立ちから親族がまったくいないことが示唆された。メールには，考えている自殺方法（縊首）についても合わせて書かれていた。非常に具体的で致死性が高いことから，ゲートキーパーは危機介入が必要であると判断した。そこで，通話をすることをメールにて提案した。通話の結果，自殺の実行を翌朝まで延期してもらうこととなった。不安定な状態が続いていたため，電話にて相談者の住所を聞き取り，ゲートキーパーは，翌朝，相談者の自宅へと向かった。

X+46日 訪問したBの自宅は，部屋は掃除は行き届いていないが，それほど乱雑でもない状況であった。所持金がほぼゼロであり食事もまともにとれていないため，ゲートキーパーは食事の差し入れをし，ともに朝食を食べながら，現在の状況について聞き取りを行った。ギャンブル依存，借金，これらを発端とする対人関係上の様々なトラブルが多層的に重なり，Bは状況を改善するためにどこから手をつけて良いのか途方に暮れていた。過去に貧困対策を行っているNPOの相談窓口とつながっていたが，現在では相談はしていないという。支援者からの連絡を無視した経験が負い目となっており，恥をかくから再度の相談には行けなかったということであった。

ゲートキーパーは，Bの問題の中核がギャンブル依存であること，ギャンブル依存の治療を目的に病院に行くために，一時的に生活保護を受けて生活を立て直す必要があることを伝えた。また，Bの支援のために，公的機関にBの情報を開示することの許諾を得た。最後に，Bが実行しようとしていた自殺方法について一緒に確認を行い，衝動的に使いそうなものをBの許諾を得て一時的に回収することとした。

#8～11（～X+46日） ゲートキーパーの帰宅後，再度，Bから自殺念慮

が高まっている旨のメールが届いた。そこで，ゲートキーパーは，Bの住所地を管轄する保健所に電話で状況（ゲートキーパーの見立て，対応，Bの住所等）を説明した。

#12～13（～X＋47日）　翌日Bより，保健師の訪問があり，そのまま福祉事務所に行って生活保護申請をし，その後，近隣の精神科病院に行ってきたことが伝えられた。現在，Bは外来でギャンブル依存の治療を受けている。

事例C（28歳・女性）

Cは，借金のために風俗の仕事から抜け出せないこと，職場の労働環境が著しく悪く心身ともにボロボロであること，家族には風俗の仕事をしていることを言っていないため頼れる人がいないことに困り，メールを送ってきた（#1）。アセスメントのために送ったオンライン質問紙の結果から（#2），K6の得点は12点（／24点満点）であること，自殺念慮・自殺の計画があること，自殺企図歴はないことが明らかになった。その後，アセスメントを行うために，数回のメールのやりとりを行った（#3～10）。

#11～14（～X＋7日）　1週間ほど断続的にやりとりをしている中で，突如，これから飛び降りるというCからの自殺予告のメールが入った。何度か返信をするも連絡が来なかったが，ゲートキーパーの電話番号を送ると，相談者から電話がかかってきた。電話がつながった際，相談者は自宅マンションの屋上（7階に相当）におり，通話中に泣きじゃくり，過呼吸になるなど，パニック様の状況を呈していた。30分ほどの通話を経て，落ち着きを取り戻したCは自室に戻ったが，状況を確認するため，翌日，自宅近くの駅で相談者と会うこととなった。

X＋8日　ファミレスにてCの話を聞き，現在抱えている問題を整理した。女性用シェルターに入ることを念頭におき，Cが居住しているD市の女性相談の担当者に連絡をとり，ゲートキーパーとCは市役所へと向かった。市役所に着くと，女性相談の担当者とCとの面接が行われた。女性相談員との面接は長時間行われたが，Cはどうして良いのか判断をすることができず，何度かパニックになり話が進展しなかった。市の担当者から状況を説明されたゲートキーパーは，Cの特性を担当者に説明したのち，担当者とともにCと今後の生活を

立て直す道筋について話し合った。シェルターに入ることに伴う不安を一つずつ解消していく中で，Cは女性用シェルターに入ることを決意した。

事例D（29歳・男性）

　Dはふとした瞬間に「疲れた　死にたい」という言葉を検索した。検索の結果に出た夜回り2.0の広告を見て，相談が受けられるのか，半信半疑でメールを送信した（♯1）。最初のメールは，件名に「死にたい　助けて」と記されているのみであった。アセスメントのために数回のメールのやりとりをしたところ，以下のような状況であることが分かった。

　♯2～8（X日）　Dは毎日の長時間労働に疲れ果てていた。仕事の量が多いこともあったが，上司からの心理的なプレッシャーから土日も「自主的」に出勤する日々が続いていた。このような状況について愚痴を言える同僚や後輩はいなかった。Dには，これだけ仕事を頑張っていても充実感はなく，自分はいくらでも代わりがきく人間で，年齢的にも転職できないと感じていた。こんな生活が続くのであれば，いっそのこともう死んでしまいたいという気持ちがここ数日高まっていた。仕事が忙しくなる前は，Dは友人とレジャーに外出するアクティブな人間であった。しかし，休日が思うようにとれなくなると，休日に友人と出かけることは難しくなり，一人で平日から飲酒をする量が増えた。飲酒が唯一のストレス発散方法となっていた。

　うつ病性障害および不安障害のスクリーニングとして用いられるK6の得点は19点（／24点満点），自殺念慮・自殺の計画はあるが，自殺企図歴はなかった。最近では食欲が減退しほとんど食べないで過ごしていること，寝付きが悪く，眠っても直ぐに目が覚めてしまうことに困っているということが語られた。また，Dはこれまでに精神科・心療内科に受診した経験はなかった。

　これらの結果をもとにメール相談では，Dに精神科を受診することを勧めた（♯8）。その際，スクリーニングテストの得点が高得点であったこと，労働環境が悪く疲弊が著しいこと，アルコールの継続的摂取によって睡眠状態が悪くなっている可能性があること，状況の改善に受診が役立つ可能性があることを伝えた。また，受診までの方法を具体的に示した（例：「地名（住所地 or 勤務地）＋精神科」で検索をし，電話をかけて受診の予約をすること）。

#9〜10（〜X＋1日）　Dは受診に関して必要性を認めず，強い抵抗を示した。その理由は，仮にうつ病などの診断名がつき，それが会社に知られることになった場合に自分の将来が破滅すると思われることであった。守秘義務に関する丁寧な説明をし，診断が勝手に外に漏れるといった心配はないことを伝えるとともに，仮に会社の人に通院の事実がばれた場合の言い訳を一緒に考えた（例：アルコールをやめるため，アルコールをやめたら寝つきが悪くなったので，睡眠薬をもらっている）。

#11〜16（〜X＋2日）　Dは自分でもアルコール依存やうつ病のような状況にあるのではないかと以前から考えてきたこと，その思いを飲酒で誤魔化しながらなんとかやってきたことを語った。これらの問題を受診時に医師に伝えるよう約束し，受診をしたら連絡をくれるようにお願いをした。

#17〜22（〜X＋14日）　Dから連絡がないため，その後の様子を聞くためのフォローアップのメールを送信すると，まだ予約の電話をかけられていないということであった。Dの受診に向けた動機づけを高めるため，これまでのメールのやりとりを振り返り，病院に行こうと思ってはいるけれども，行けていないというDの中にある葛藤を明確化したメールを送信した。するとDから，休日が十分にとれずどうしても電話をかける時間がないこと，しかし継続的に受診可能な範囲にある精神科病院の情報は調べたことが伝えられた。Dが候補として挙げたいくつかの病院のHPを見ると，電話ではなくメールでの予約も可能であることが分かったため，予約メールの文面を一緒に考えることとした。

#23〜24（〜X＋約60日）　Dから候補となっていた病院に予約を入れた上で，受診してきたこと，その結果について報告がなされた。医師からの指示を守った上で，何か困ったことがあったらメールをするよう伝えた。

#25〜26（〜X＋約120日）　しばらく間をあけた後に，フォローアップのためのメールを送り，最近の様子を尋ねた。周囲の誰にも相談できなかった時にメール相談を受けられて助かったこと，メール相談の結果として受診を決意できたこと，通院を続けながらなんとか仕事をしていることがDから語られた。

事例E（23歳・女性）

　Eからの最初のメールは「死にたい」とのみ記してあった（#１）。こちらからの返信（#２）を確認すると，「うまく書けないと思うが良いか，聞いて欲しいことはいっぱいある」（#３）と言い，次のメールからは携帯電話から打たれた長文のメールが続いた。

　#４〜10（〜X＋2日）　Eは昔から対人関係がうまく作れず，小学校高学年からいじめにあい，そのような状態が中学まで続いた。人と話をすると自分がこんなことを喋って相手に不快な思いをさせないかといった点が気になり，うまく喋れず，仲間の輪から外されていったと言う。実際，相談のメールの中にも，本当に相談して良いのか，こんなことを聞いて気分を害さないかといった確認が複数回見られた。

　Eの自傷行為は10年ほど前から断続的に行われていた。中学２年の頃からリストカットがはじまり，過量服薬で病院に運ばれたことが何度かあった。高校時代は比較的穏やかな日々を過ごしたが，卒業後に就職した現在の職場ではまたいじめにあっていると言う。数か月前から自ら首を絞めるという行動を夜になると繰り返すようになった。自分でもおかしいことをしているという自覚はあるが，どうしても病院には行けず，今までに精神科に受診したことはない。実家に暮らしているため生活はなんとかやれているという。EのK６の得点は22点（／24点満点），自殺念慮・自殺の計画，複数の自殺企図歴があった。

　#11〜18（〜X＋7日）　Eは自分でも病院に行った方がいいと思いながら，どうしてもこれまで行くことができなかった。その理由を聞くと，①昔近隣の内科にかかった時に聞かれたくないことを聞かれた経験があること，②話を聞いてくれない医者が多い／薬漬けにされるというイメージがあること（インターネットにその手の経験談がいっぱい書いてある），③仮に病院に行っても自分がうまく喋ることはできないと思うし何を伝えれば良いのか分からない，といった点を理由に挙げた。

　そこで，Eに対して相性の問題や精神科に対する誤解が存在することを丁寧に説明した（①・②の問題点に対する対応）。さらに，③の問題点を解消するために，何を喋れば良いのかをメール上でまとめ，受診の際に携帯の画面を医師に見せることとした。これまでのメールの内容を読み返し，相談員がまとめ

て，Eに内容を修正させるという方法をとった．

#19〜20（〜X＋30日）　Eから実際に受診することができたこと，メールで話すことをまとめたが，それを見ながら話ができたことが伝えられた．

4−4．ネットとリアルを融合させた支援に向けて

　以上の事例より，検索連動型広告を活用したオンライン・ゲートキーパー活動が自殺の危機介入として一定の成果をあげる可能性があることをご理解いただけたと思われる．上記の事例への介入経験から得られた支援に関するティプスをいくつか述べる．

　第一に，危機介入の際は共感や傾聴のみならず，問題の整理を行うことが重要である．問題の整理を行い，解決への道筋をつけることで，極限まで高まっていた衝動性が落ち着くように見えることが多い．自殺は多様な問題が積み重なった結果として起こると言われるが，危機介入が必要だと判断される状態にまで自殺の危険が差し迫っている相談者は，通常，複数の解決困難な問題を抱えており，問題の大きさとその複雑さに圧倒されている．問題をなんとかし，より良い生を生きようとしても，どこから手をつけて良いか分からず，衝動的に死（≒意識を止める）という解決を選ぼうとしているように見える．こうした状態にある場合，短期間で問題をすべて解決してしまうことは，専門的援助者であっても難しい場合が多い．ただし，解決への道筋をつけることは可能である．道筋を示し，それを丁寧に説明することは，自殺念慮の低減に寄与するように思われる．自殺の危険が高まった者は心理的視野狭窄になっており，問題の解決策が見えなくなっていると言われるが（末木，2013b），きちんとした道筋を示すことで，こうした状態が解除され，自殺念慮が低減するのかもしれない．相談者の話を傾聴するスキルは重要であるが，同時に，使える援助資源を熟知し，解決の道筋を示すというスキルも必要となる．

　第二に，対話の際には相手の日常に溶け込み，相談者の緊張の度合いを下げることが大事である．インターネットをきっかけとした相談を対面に移行させる場合，ある程度の関係性が事前にできているとはいえ，相談者の緊張の状態はかなり高い．例えば，病院へ診察に行く場合には病院という場そのものへの

一般的な信頼があらかじめ醸成されているが，ネット相談からの危機介入を相談者の自宅などで行う場合には，そのようなものがないからである。こうした緊張を和らげるためには，専門家のように振る舞うよりは，相手に合わせた範囲で砕けた口調を使う方が良いようである。また，極限的な状態に追い込まれ食事もろくにとっていない者も多いため，一緒に食事などをしながら話をすることも，緊張感の緩和に有効である。

　第三に，こちらの緊張感を低くし，相談者をリラックスさせるためにも，最悪の場合も想定しておくことが有効である。最悪の場合を想定していないと，自殺企図などが起こった際に冷静な対応がとれなくなってしまうからである。また，自殺企図を防ぐためには，その具体的な方法を確認することが極めて重要であるが，自殺の問題を直視し，自殺企図が起こりにくいような環境を整えるためには，こうした心構えを事前に持っておくことが役に立つ。

　第四に，援助希求コストを下げることは受診を促すにあたり非常に重要なことであるが，この際，相談員が一緒にその作業をやることに意味があると考えられる。Dの場合，予約電話をかける時間がないという問題を解消するため，メールで予約できる病院を見つけ，一緒に予約のメールを作成している。Eの場合，うまく自分の状態を伝えられるか分からないという不安を低減するために，受診の際に喋る内容をまとめるという作業をしている。このように援助希求のコストに関する話をした際には，そのコストを具体的に，そして一緒に低減していくという作業をすると援助希求行動の生起につながりやすい。

　最後に，自殺企図の直前の対応のコツについて述べる。メール相談を行っていると，マンションの屋上でまさに飛び降りようとしているところから連絡がくることもある。自殺企図の直前であるが，自殺企図の方法が明確化されている状態で，「自殺をする」という宣言が事前にされている場合には，特に危険性が高いように思われる。「自殺する」という宣言の場合，「自殺するから（連絡して！）」といった言い方よりも他者との心理的連結が切れており，危険性が高い。

　このような場合，自殺企図を禁止するような言葉は有効ではなく，自殺企図に代わる他の行為を促すような言葉がけが，結果として良い方向に働くように思われる。「自殺をやめろ」「飛び降りるな」ではなく，「もう少し話をしよう」

「ちょっとそこから移動しよう」といった具合である。自殺の直前状態は，心理的視野狭窄，解離，アルコール，といった言葉に代表されるように，通常とはやや異なる意識状態にある可能性が高い。そのためか，「○○するな」という言葉よりも，「△△しよう」という具体的な行動指示の方が通りやすい。また，「△△しよう」という場合，相談者が自殺企図をやめるということに際して自尊心を傷つけないような理由をつけてあげることが望ましい。屋上から飛び降りようとしている際に，「ちょっとそこから移動しよう」と言うのではなく，「風の音がうるさくて声が聞き取りづらいから，もう少し内側に移動しよう」といった具合である。相談者が自殺企図をやめるという勇気ある決断をするための理由はなんでも良いが，プライドを傷つけないような，自然な逃げ道を用意してあげることが有効である。

　なお，これらは経験的な知識であり，十分な研究上の裏付けがあるわけではない点には注意していただきたい。今後の課題は，こうした事例に見られるような援助を求めるか否かを迷っている者を適切な援助提供先へとつなげていくための技術を洗練・体系化していき，その効果をきちんと検証することである。心理学領域には動機づけに関する膨大な研究の蓄積が存在するが，これらをゲートキーパー活動を行う際のコミュニケーション技術に応用していくことが求められる。

第5章 夜回り2.0における介入の理論的背景

> **本章のまとめ**
> オンライン・ゲートキーパー活動において,どのように相談者に働きかけることが新たな援助希求行動を生み,相談者を支援者のネットワークに組み込んで自殺のリスクを下げることができるのかは検討されてこなかった。
> この問題に対する一つの解決策として動機づけ面接の活用を提唱し,その活用事例を示した。事例の検討から,動機づけ面接を有効活用できた事例に共通して見られた特徴が考察された。

5-1. オンライン・ゲートキーパー活動における困難

　前章では,夜回り2.0における初期の援助実践の様子を具体的に紹介した。インターネット関連技術は,支援を提供するための道具としてのみならず,支援の場へとつなぐための道具としても使えることが明らかとなった。検索エンジンの利用の仕方は自殺ハイリスク者のスクリーニングと見ることができ,広告を活用すれば,低コストで(そもそも,「自殺」という言葉にお金を払って広告を打とうという考えは2013年以前にはなかった)効率的に自殺ハイリスク者とコンタクトを取ることができる。相談者には,紹介した事例に見られるように複数の自殺企図歴があり,自殺の練習を日常的に行っているようなハイリスク者が含まれる。このようなインターネット利用者を対面での支援の場に

連れ出すことは，自殺予防に資するであろう。

　しかし，既に見たように，相談者とメールをやりとりしていると，自身に様々な問題があるとはうすうす思いながらも，病院を受診したりすることには非常に強い抵抗を示す場合も少なくない。そのため，夜回り2.0を効果的に進めていくためには，支援を受けるべきか否かに関して強い葛藤を有している相談者に，これまでに相談をしたことがない支援機関に出向くよう働きかけるためのコミュニケーション技術が必要なことは明白であった。

　残念ながら，このような際にどういうメールを送れば，相談者に新たなアクションを起こさせることができるのかについてこれまでに検討されたことはない。なぜならば，既存のメディアを介した自殺予防は，電話やメールをしてきた相談者の話を傾聴することはあっても，他の支援者のもとにつなげるといった発想を持っていなかったからである。夜回り2.0は，相談を受けたゲートキーパーが第一の支援者となることは当然として，そこを起点に支援の網の目を広げ，困難に陥っている相談者の周囲に様々なつながりを作ることで，セーフティネットを張ることを目的にしている。このような支援を行う際の困難をどのように扱うべきかに関する面接／コミュニケーションのあり方は検討されていなかったのである。

5-2. 危機介入のあり方

　それでは，自殺の危険が差し迫った者とコミュニケーションを行う際にどのようなことが重要であると言われてきたのであろうか。ここでは，自殺の危機介入に関して先行研究で指摘されてきたことを振り返る。

　まず挙げられるのは，ビフレンディング（befriending）という考え方である。ビフレンディングとは文字通り友だちになるということであり，人間としての共感と深い心の交わりを意味する（稲村，2011）。これはカウンセリングや精神療法とは異なり，専門の理論や技術を必要とせず，またそれにとらわれず，直接相手の心に心情的に分け入り，人としての真の共鳴や喜怒哀楽を共にする態度を指している。ビフレンディングは，サマリタンズ（Samaritans）の活動に始まり，世界中のボランティアによる自殺への危機介入サービスで採用され

ている。こうしたボランティアによる危機介入サービスの有効性に関しては研究デザインの構築が難しいこともあり十分なエビデンスがあるとは言い難いものの（Beautrais et al., 2007），世界中で自殺の危機に瀕する多くの者を救っていることは事実である。

　より専門的な視点からも共感的な対応の重要性は繰り返し説かれている。以下では，自殺への危機介入における対話方法について，日本における代表的な研究者／臨床家の指摘を概観する。

　稲村（2011）は，「心の絆」（＝心が通じあい，共感し合える信頼関係（p.40））が治療者との間で回復されることが自殺予防に際し最も重要なことであると指摘している。この「心の絆」は，誠意と真心をもった受容と傾聴が充分な時間行われることによって自然と生じるものである（p.65），としている。同書内では，誠意と真心といった治療者に必要とされる態度に関する指摘はあるものの，受容や傾聴の方法に関する具体的な内容は示されていない。むしろ，「治療者はむしろあまり話さないほうがよい。治療者が話すのはしばしば有害で，ともすれば本人を傷つけ，疎外してしまう。そのために，心の絆ができぬばかりか，かえって断ち切ることにもなる（p.60）」と記述している。

　大原（1996）は，自殺者に共通した心理として，孤独，相反する二つの心を挙げた上で，自殺念慮の高まりには波があることを指摘している。そのため，一時的に自殺念慮が高まっている際には，「誰でもいいから，善意の手を差し伸べてやる（p.34）」ことが重要であるとしている。この際，自殺の危険の高まっているものの抱える問題は早急に解決できるものの方が少ないため，問題は片付かなくても良いとしている（p.34）。さらに，「話し相手になってやったり，相談にのってやるだけでいい。そうすることによって孤独な魂は救われる。問題解決をするのは彼ら自身である。彼らが自立できるまで，誰かが支えてやるべきである」と記している（p.34）。

　高橋（2006）は，自殺に追い込まれる人に共通する心理として，極度の孤立感，無価値感，強度の怒り，窮状が永遠に続くという確信，心理的視野狭窄，諦め，全能の幻想を挙げている。また，自殺したいと打ち明けられた際の対応としては，自分だからこそ打ち明けてくれたのだという自覚を持った上で，時間をかけて訴えを傾聴し，その上で他の選択肢を示すことを推奨している。ま

た，その場では無理に話をせずに沈黙を共有しても良いとしている。同書内には，傾聴方法の具体例がいくつか挙げられている。例えば，「『自殺する』という訴えに対して，『そうですか，自殺を考えるほど，苦しいのですね』といった具合である（p.87）」や，「『……ということは，……というように感じているのですね』といった言葉で，相手の考えや感じ方を整理するように助け舟を出すのもよいだろう（p.90）」といった記述がある。

　斎藤（2009）は，自殺者の心理に潜むものとして，安心への希求，あがないの願望，復讐・殺害の願望，救済・新生の願望等を挙げているが，いずれの場合においても，自殺への危機介入に際しては，徹底的に聞き役に回ることが重要であるとしている（p.58）。「じっくりとその危機に共感し，時にはその不安を共有することによって，危機にある人はその困難を乗り越えられる（p.61）」「自殺危機への介入は，まず苦悩の共有に始まり，それができたところで治療や説得が可能になります（p.98）」といった記述が散見されることからも，斎藤（2009）が共感的対応／傾聴を重視していることが読み取ることができる。

　以上，自殺への危機介入における対話方法について，我が国における代表的な研究者／臨床家の指摘を概観した。いずれの論者もインターベンションにおける共感的対話／傾聴を重視していたが，それは，自殺の危険に瀕する者の心理に孤独感を見出しているからである。共感や傾聴によって孤独を癒すことがインターベンションの第一歩だということである。しかし，これらの指摘には以下の問題点を指摘することができる。

　それは，自殺念慮の高まった者の心理的特徴は孤独だけではないということである。例えば，生と死の間で激しく揺れる両価的な感情については多くの研究者が指摘するところであり，上述した知見のいずれもがこの特徴を指摘している。この両価的感情については，どのように対応すれば死と生のアンビバレントな感情を生の方向へ傾けることができるのかという問題があるが（それは言い換えれば，どのようにすれば，自ら孤独に死を選ぶことによって問題を解決するのではなく，他者の支援を受けて生を続けるかということになる），共感や傾聴，反射や明確化といった一般的なカウンセリング技法の利用，あるいは誠意と真心といった精神論的な指摘だけで十分に明確になったとは言い難い。

5-3．新しい危機介入のあり方に向けた理論—動機づけ面接

　既存の自殺への危機介入理論は重要ではあるものの，これだけでは夜回り2.0が抱えている問題は解決することができなかった。そこで我々が目をつけたのが，動機づけ面接（Motivational Interviewing，以下，MI）という考え方である。
　MIとはアンビバレントな心理状態を解消するために行動を変容しようという相談者の内発的動機を高めることを目的とした来談者中心かつ指示的な方法であり（Miller et al., 2002），アルコール依存への支援経験から提唱されたものである。MIでは，セラピーを受けにきたほとんどの相談者は，現在の行動を変えることには十分な理由があると一方で思いながら，変わることにはコストもかかり変わらないことの利益もある，というアンビバレントな状態にあるという仮定が置かれている。自殺の危機に瀕する者は，生と死の間でアンビバレントな状態に置かれているが，上記の仮定を考慮するとこの状態に対する適切な対応を考える上で，MIは有効な枠組みを提供可能であると考えられる。なお，MIの自殺予防への活用には，Brittonらによる一連の研究がある（Britton et al., 2008, 2011, 2012, 2016）。
　MIでは，アンビバレントな状態に対して，共感を表現する（Express Empathy）（第一原則），矛盾を拡大する（Develop Discrepancy）（第二原則），抵抗を手玉にとる（Rolling with Resistance）（第三原則），自己効力感を援助する（Support Self Efficacy）（第四原則），という四つの援助上の一般原則をもとに面接を進める（原井, 2012; Miller et al., 2002）。第三原則について補足を行うと，これは，変わりたくないという気持ちやためらいを誰にでもある自然なものと認め，変化に関する論争を避けることを意味している。
　これらの原則を面接内で実施するための具体的な技術としてOARS（開き，認め，返し，要め）がある（原井, 2012）。OはOpen Questionであり，複数選択肢で応答可能な質問（Closed Question）ではなく，必ず自分で考えて答えさせるようにすることを意味する。AはAffirmであり，MI独自の共感方法を示している。MIでは，相手の話の内容すべてに共感をするのではなく，変化につながるような発言や言い方にのみ選択的に是認を与えるようにする。Rは

Reflective Listeningであり，相手が述べた言葉を選びつつ反射させていくことを意味する。この際，オウム返しのように単純に聞き返すこともあれば，話の中に矛盾がある場合に，矛盾が分かりやすくなるよう並べて聞き返す，といったことも行われる。面接の中で最も多く使われる技法である。最後にSであるが，これはSummarizeであり，聞き返し（R）のやや特殊な例を指す。話の全体の中から，相手の言った言葉を集めて整理し，まとめて聞き返すことであるが，しばしば「花束を作る」ことに例えられる（原井，2012）。相手の話したたくさんの言葉の中から，いらない葉の部分を切り落とし，その後の展開に役立つ綺麗な花の部分を選び，美しく並べて相手に渡すのである。

以上のように，MIの中心的な発想はカール・ロジャーズの来談者中心療法からきており，共感や傾聴が対応の基礎となる。共感や傾聴の重視は，上記の自殺予防における一般的な対応と類似した点であるが，MIには，この共感や傾聴についてもより戦略的に用いられるという特徴がある。これをまとめたものが図5-1である。ここでは，この図を用いて，MIが共感を中心としながらいかに面接を戦略的に行っているのか，という点をまとめて述べる。

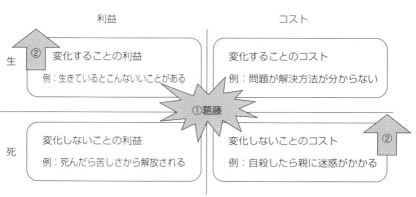

図5-1　人間の意思決定方法と動機づけ面接の作用

人間の意思決定場面について考えると（例：生きるべきか，死ぬべきか），変化することの利益，変化することのコスト，変化しないことの利益，変化しないことのコスト，の四点に関する見積もりにより，その決定がなされると考えられる。合理的に考えれば，変化すること（自殺をやめること，他者に援助を求めること）の利益と変化しないこと（自殺をすること，他者に援助を求めないこと）のコストが高くなれば高くなるほど，変化をする方向（自殺をやめ，他者に援助を求める方向）に傾くと考えられる。

MIを利用する場合，まず，自殺の危機に瀕する者のアンビバレントな感情（四つの領域の葛藤）を明確にしていく（第二原則，図5-1の①）。認知的不協和理論（Festinger, 1957）によれば，人間は自己の中に矛盾が生じた際にその矛盾を解消しようとするため，人はこのアンビバレントな状態を解消しようと動機づけられる。次に，生と死のアンビバレントな状態を生の方向へと傾けるため，OARSのA（是認）で説明した戦略が用いられる。つまり，変化することの利益と変化しないことのコストに関する言及がなされた際に，この発言に対して集中的に是認を行う（図5-1の②）。これにより，生の方向に向けて葛藤の解消のための準備がなされる。最後に，自己効力感の援助が行われる（第四原則）。これは，仮に生の方向へ意思決定をしようとした際にも，それを達成することができると思えなければ，実際の行動には移れないからである。

MIによって重視される特に是認されるべき発言はまとめてチェンジトーク（Change Talk, 動機づけ発言）と呼ばれる。MIの目的は，変化に向けてのコミットメントを確実にするために，チェンジトークを引き出していくことである。チェンジトークにはいくつかの種類があり，DARN-CATと略される。DARN-CATのDはDesire（願望），AはAbility（能力），RはReason（理由），NはNeed（必要），CはCommitment（コミットメント），AはActivation（活性化），TはTaking Steps（段階を踏む）である（原井, 2012）。願望，理由，必要，については主に第二原則と関連するものであり，意思決定の段階に作用する。能力，コミットメント，活性化，段階を踏む，については，第四原則と関連するものであり，自己効力感を支援することに影響を与えると考えられる。なお，図5-1では図の簡略化のため，「変化することの利益」（DARN-CATのRに相当）と「変化しないことのコスト」（DARN-CATのNに相当）のみ図示した。

多くの危機介入に関する言及においては，共感や傾聴が重視される一方で，性急な助言や説得は避けるべきであると言われている（下園，2002；高橋，2006）。これについても，MIの枠組みから理解することが可能である（図5-2参照）。

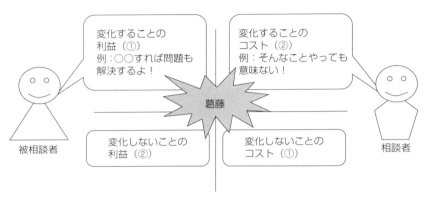

※補足
①：チェンジトーク　②：レジスタンストーク

図5-2　説得・助言の失敗とレジスタンストーク

　MIでは，チェンジトークを引き出すことを推奨するのとは反対にレジスタンストーク（Resistance Talk）を引き出してしまうことを問題としている。レジスタンストークとは，DARN-CATとは反対のものであり，例えば，現状維持の利点や変化に際した不利益，変わらないことに関する意思や変わることに関する悲観的な見通し，といったものを指す（Miller et al., 2002）。自殺企図を行わないよう説得を行う場合，説得者は変化することの利益や変化しないことのコストを自らが口にしがちである（例：死んだら親が悲しむぞ）（図5-2の①）。この際，説得をされる側の心理状況は生と死のアンビバレントな状態であるため，心理的なバランスの回復を目的として，変化することのコストや変化しないことの利益について口にすることになる（図5-2の②）。つまり，説得や助言はレジスタンストークを誘発し，結果として自殺を予防することにはつながらない可能性が高いということである。

5-4. 動機づけ面接の理論的背景

ここまで，MIの概要について述べてきたが，それでは，なぜMIは行動の変容を促すのであろうか。その作用機序については，以下の二つの心理学的理論（自己決定理論／自己知覚理論）から理解をすることが可能である。

MIは，当初，原因帰属，認知的不協和，自己効力感などの社会心理学的概念を基礎としたものとして描かれてきた（Miller, 1983）。しかし，主に臨床知として構築されてきたMIについては，本質的には理論的基礎のないものであるという批判がなされてきた（Draycott et al., 1998）。つまり，MIの有効性は確認されているが（Dunn, 2001），なぜそれが有効なのかが分からないということである。このこと自体は，心理療法の展開においてよく見られる光景である。

この問題については，その後，自己決定理論（Self-Determination Theory，以下，SDT）の立場からMIの有効性に理論的基礎を与える試みが行われるようになった（Markland et al., 2005）。SDTとはパーソナリティの発達と自発的な行動変容に関する理論であり，人は成長・自己の統合・心理的非一貫性の解決に向けた内在的な／生得的な傾向を有するということを仮定している（Ryan et al., 2000）。これは，相談者の中に変化の力が内在していることを仮定しているMIと類似している点である。

そしてSDTでは自律性，有能性，関係性の3つの心理的欲求が満たされた際に，外発的に動機づけられた行動が自律的／内発的なものとなりパーソナリティに統合されていくと仮定されている（Ryan et al., 2000）。つまり，SDTの観点から解釈すると，主に，MIの第四原則が有能性の欲求を，第二原則と第三原則が自律性の欲求を，第一原則が関係性の欲求を満たすために，MIは新たな行動の内在化と自己への統合を促進し，自発的な行動変容を達成していると考えられる。

SDTによりMIの有効性及び作用機序については理解可能なものの，SDTにより説明ができない部分もMIには存在する。それは，チェンジトークについてである。チェンジトークを引き出すことの重要性については，主にBem

(1967) の自己知覚理論（Self-Perception Theory, 以下，SPT）によって説明される。SPTとは，自己知覚は他者知覚と同様のプロセスを通じてなされるという理論である。つまり，人は自らの感情や認知などの態度について自らの行動や外的な状況を観察することを通じて知るということである。自殺の危機に瀕する者の場合，自殺念慮は内的に／直感的に理解されるのではなく，「自殺したい」と自ら言うことや実際に自殺企図を行うといった行動を通じて本人に理解されるということである。そのため，ここに危機介入をするためには，生きることに関する願望や理由，生きる（現在抱える問題を解決する）能力や自殺することへの心配・懸念を言語化させることが重要であるということになる。なお，Britton et al. (2008) はチェンジトークの概念を自殺への危機介入の場面に援用した際に，これをリビングトーク（Living Talk）と呼んでいる。

　このようにMIの作用機序については，その多くの部分についてSDTで説明可能であるが，一部，チェンジトークについてはSPTを援用することになる。この問題について，SDTの提唱者であるDeciらは，チェンジトークは自律性がサポートされた結果として出てくるものだと考えることができるとしているが，これは必ずしもMIの提唱者であるMillerらの考えと一致しない（Deci et al., 2012）。また，チェンジトークについては，その質や内容が変化に影響を与えるのか，あるいは量が影響を与えるのかといったことも十分明らかになっているとは言い難い。リビングトークについては，なおさらである。チェンジトーク及びリビングトークがどのようにして変化を引き起こすのかについて，その質及び量の両側面から検討する必要があるという課題は残っている。

　ここまで，MIを中心とした枠組みを活用することで，自殺への危機介入の際に重要視される共感や傾聴といった対応方法を用いる際の具体的な戦略とその背景を示すことができたと考えられる。この内容を，再度まとめなおすと以下のようになる。危機介入では，共感的な対応を基調とした面接を行いながら，相談者との関係性を作る。また，相談者との論争を避け（レジスタンストークを避け），選択肢を示して自律性をサポートしながら，戦略的な共感を行うことによって有能性の欲求を満たす。これによって相談者の自発的な行動変容が生じる。また，戦略的な共感を行う際には，特にDARN-CATと呼ばれるチェンジトークに焦点を当てることが重要である。これらは，SDTやSPTといっ

5-5. 動機づけ面接が奏功した支援事例

このように，オンラインでのゲートキーパー活動に転用可能と思われる有望な理論は存在するものの，実際にそのような実践を行った報告はなされていない。そこで，以下では，検索連動型広告を用いたオンライン・ゲートキーパー活動にMIを用いて奏功した事例（3例）を検討することを通じて，オンラインでのゲートキーパー活動でのMI活用の意義について論じる。提示したすべての支援事例について相談ログの研究活用への同意は得ているが，個人情報保護のため，事例の大意を損なわない範囲での改変を加えた。また，事例の報告に際しては，各事例の初回の相談メール受信時点をXとした。

事例F（20代，女性，大学4年生）

主訴　留年が決定したこと，彼氏と突如音信普通になったことが重なり，死にたくてたまらない。

家族歴　同胞3名中の長子で独身。相談者は首都圏の大学に通うが，実家は遠方にあり，現在は一人暮らし中。両親は健在で，家族関係は良好。高校受験時に母との関係は一時悪化したが，父からは常に溺愛されている。優秀な下二人のきょうだいに比して，自らは怠慢な性格であると相談者は語っている。

現病歴　X-1か月に大学の留年が決定し，翌年以降の予定が大幅に崩れることになったが，両親にはそのことは伝えられなかった。これまで勉強だけは頑張ってきたという自負があり，両親の期待を裏切ったとの考えから大学に通学できなくなった。X-1週間にこれまで1年以上付き合って結婚の話もしていた彼氏（30歳）と突如音信不通になった。それ以降，入眠困難になり，自殺念慮が出現した。心臓やのどのあたりに痛みを感じ「息をするのもつらい状況」が1週間ほど続き，その間十分に食事もできなかった。自殺方法を探してウェブ検索する中で，本サービスの広告を目にして，相談メールを送ってきた。

相談経過　初回の相談メールには自殺念慮が出現するまでの経緯が礼節の保たれた文体で700文字ほど書いてあった。勉強を頑張ってきたのに留年が決定

し，家族から見捨てられても仕方がないと感じること，彼氏と突如連絡がとれなくなり不安で仕方がないことが書かれていた。アセスメントのために収集しているウェブ・アンケートの結果から，うつ病・不安障害等の精神疾患の簡便なスクリーニングであるK6の得点は16点（／24点満点），これまでに自殺企図歴はないものの，現在の時点で自殺念慮と具体的な自殺の計画を有していることが明らかになった。

　初回相談メールがあった日のうちに往復6通のメールのやりとりを行った。これらのやりとりの中では，相談者の置かれた状況が死にたいと感じるほど辛く苦しいものであることへの共感を基礎としながら，相談者の現状をつかむための質問（特に，家族との連絡状況について），考えている自殺方法の実行可能性を評価するための質問を織り交ぜた。また，メールをするという行動そのものを強化するために，連絡をくれたことそのものに対する労いを繰り返し記した。その中で，ゲートキーパーは，まずは両親に留年の事実を打ち明けることを提案したが，両親に打ち明けずに死ぬつもりである旨の返信が相談者よりなされた。

　これに対し，相談日翌日の8通目のメールでは，相談者が置かれた状況を，「両親にはこれまで育ててくれた感謝があるために，今さらこの状況に対して助けて欲しいとは言えないこと，しかし心が痛くてもう耐えられない状況であり誰かに助けてもらいたいという相矛盾する状態にある」とゲートキーパーはまとめた。また，これまでに高校受験に失敗した際に，相談者の母が号泣したというエピソードを引きながら，おそらく両親が裏切られたかのように感じ，相談者を見捨てるようなことはないだろうと記した。さらに，留年の事実を両親に伝えるための伝え方を一緒に考える，場合によってはゲートキーパーから両親に連絡することもできる，といった別の選択肢を示した。

　さらに二日経過し，突如，音信不通だった彼氏から何事もなかったかのような連絡が来たこと，怒りで相手を猛烈に責める連絡をしてしまいそうであるというメールが相談者より舞い込んだ。これに対しゲートキーパーは，この状況に怒りを感じることへの共感を示すとともに，相手を責めずにこちらの要求を伝えることが重要であることを伝え，その具体的な方法（メールの文面を，「事実→（自分の）感情→要求」の順に並べる）と記載例を記したメールを返信し

た。何度かのメールのやりとりを経て，彼氏に対してどのように話をするのかを具体的に決定していった。

　年末年始の間は相談活動が休止されて間があいたが，年明けには，話し合いの結果として彼氏からの誤解がとけて復縁したこと，年末に実家に帰って両親と留年に関する話し合いができたことが報告された。相談が寄せられた時点での問題が解消し，相談者を支援する体制が整ったことから，この時点でメール相談を終結した。

考察　予期せず大学の留年が決まったことから誰にも相談できなくなり，同時期に長らく付き合っていた彼氏から理由も分からないまま連絡が絶たれたことにより自殺念慮が生じた事例である。自殺潜在能力は高くないものの，相談者の有する対人援助資源が急激に消失したことと両親への負担感を強く感じていることから強い自殺念慮が生じたため，後者の問題を扱うことで自殺の危険性を下げることが可能であるとアセスメントした。両親との連絡を回復することを最優先事項として，両親への援助希求行動が生じるようにMIを導入した。当初，両親へ留年の事実を打ち明けて支援をもらうことに頑なな抵抗を示したが，両親に助けてもらいたい気持ちと留年の事実を報告して両親の期待を裏切ることの葛藤が相談者の中にあることを返信すると，次第に態度は変化していった。これは，MIの第一原則である「共感を表現する」と第二原則である「矛盾を拡大する」行為に該当する。また，突如音信不通となり，その後連絡が来た彼氏とのやりとりに際しては，どのように話を進めるのが良いのかをアドバイスし，話の進め方をメール内で組み立てた。これは，怒りにまかせた行動をとるのではなく，適切な援助希求行動を行うための自己効力感を強化することにつながっており，MIの第四原則に該当すると考えられる。

事例G（30代，女性，専業主婦）

主訴　発達障害疑いの娘（3歳）の育児が大変，夫からのDVがひどく死にたい。

家族歴　相談者，夫，3歳の娘と同居。両親は健在であるが，現在の生活が辛く死にたいと母親に相談した際に叱られた経験があり，それ以降は絶縁状態となっている。

現病歴　X-15年に摂食障害の診断を受け，断続的に治療を受けてきた。X-5年に結婚し，X-3年に出産。それ以降は摂食障害の症状は出ていない。しかし，それ以降，夫婦関係が急速に悪化し，たびたび離婚の話が出ている。娘がある程度成長すると癇癪がひどくなり，育児を辛く感じるようになった。娘が癇癪を起こすと相談者もパニックになり，娘の前で号泣してしまうこともある。最近は，食欲の不振（何を食べても美味しいと感じない），不眠，胃痛，めまいといった症状が生じている。近隣の内科で，睡眠導入剤と漢方が処方されているが，あまり効いている感じはしない。「死にたい」とウェブ検索する中で，本サービスの広告を目にして，相談メールを送ってきた。

相談経過　初回の相談メールには育児の辛さ，癇癪を起こす娘への怒り，DVをする夫への恐怖心と嫌悪感が800字ほど書かれており，「もう生きる苦しみから解放されたい」と記されていた。アセスメントのために収集しているウェブ・アンケートの結果から，K6の得点は18点（／24点満点），これまでに自殺企図歴があるものの，現在は具体的な自殺の計画を有しているわけではないことが明らかになった。

　初回からの数メールは，相談者の置かれた状況が死にたいと感じるほど辛く苦しいものであることへの共感を基礎としながら，特に育児を行っていく際の援助資源となりうるものを探すための質問（近所付き合いや過去の保健師への相談等）を行った。その中で，相談者は，「なるべく普通でありたい」という考えから，「普通のふり」をするために公的な相談機関等には行けないこと，娘の幼稚園のママ友には絶対に話ができないことなどを語った。たまに行く内科の病院でも先生に話はできないという。一方で，「精神的にまいってしまいながらもなんとか育児をしている人，夫婦関係がうまくいかないまま離婚できない人など」がいたら一緒に話がしたいということも語った。

　初回相談から約2週間後，10通目のメールで近隣の子育て支援センターに行くことをゲートキーパーは提案した。しかし，娘がジッとしていられないこと，娘が生まれて以降，自分は普通でいたいという気持ちが強く，育児ができないことやDVのことなどは話せないという理由から提案は拒否された。また，娘の健診に際して，保健師から自宅訪問の提案があったが，それも断ったという報告があった。これに対し，ゲートキーパーは現在の相談者の状態について，

「育児やDVに関する相談を安心できる環境でしたいが，普通でいたいという思いもあってなかなか人には話ができない状態」とまとめる返信をした。数日の間メールのやりとりが途絶えたものの，フォローアップのメールをゲートキーパーから送信すると，夫からのDVについてもう少しメールで話がしたいと書かれており，そこにはこれまで誰にも話せなかったDVの具体的な内容（性的な問題を含む夫からのモラル・ハラスメント）が記されていた。これに対してゲートキーパーは，夫からのモラル・ハラスメントを少なくするための具体的な提案（例：夫が帰ってきたらテレビをつける）を書いて返信をした。

そこから1週間後の相談者からのメールには，ゲートキーパーの送ったアドバイスにより夫からの暴言が少なくなったこと，近隣の心療内科と子育て支援センターの予約をとったことが記されていた。対面で相談のできる支援機関につなぐことができたことから，この時点でメール相談を終結することとした。

考察 もともと摂食障害であったが，出産を機に，夫婦間の問題（夫からのDV），育児の問題，母親との葛藤などの多様な問題が噴出した事例である。本人も抑うつ的な症状が出ている。家族内の援助資源は枯渇しているが，外部に対しては「普通に見られたい」という気持ちが強く，それ故に相談ができず孤立化し，自殺のリスクが高まっていた。普通に見られたいという思いと，しかしこの苦しい状況を分かって欲しいという葛藤を抱えているという点を丁寧に明確化したことが，相談者の援助希求行動を促進した。これは，事例1と同様，MIの第一原則である「共感を表現する」と第二原則である「矛盾を拡大する」行為に該当する。夫からのDVについて今まで誰にも言えなかったことをメール内で告白できたことには，メール相談の匿名性が自己開示を促進した面が大きい。それが，具体的な生活上の負担の軽減につながったことは，よりコストの大きい援助希求行動の生起につながった可能性がある。

事例H（20代，男性，アルバイト従業員）
主訴 自分が他の人と違うおかしな存在（具体的には，正社員になれないこと）だと思わされながら生きているのが辛くて死にたい。
家族歴 実家で両親と兄（2歳上）の4人で暮らしており，両親との関係は比較的良好。しかし，優秀な兄とは常に比較され，引け目に思っている。今の

自分は，「優しい」両親に迷惑をかけている，親を安心させてあげられないと繰り返し語っている．

現病歴　子どもの頃から，他人との感覚の相違から他者と親しくなれない傾向があった．大学卒業までは問題なかったが，他者とのコミュニケーションがうまくいかないことから，就職の面接では内定が出ることはなかった．大学卒業間近に2か月ほど派遣社員で働いていたが，職場にうまく馴染めず，将来のことなどを悲観して希死念慮が出現した．当時は，通勤中の地下鉄に飛び込むことを考えていたが，現在の生活では電車を使わないので具体的な方法は考えていない．X-1か月頃より，正社員として働いていないことを家族から責められて家族関係がうまくいかなくなり，「自分はそもそも人間であることに向いていない」と思い，再度自殺を考えるようになった．この時期にこれまでなんとか続けていたアルバイトには行かず，引きこもり気味の生活になったことが，さらに家族との関係性を悪化させた．同時に，胃痛，頭痛，倦怠感，興味・関心の喪失，不眠といった症状が出ている．「自殺したい」とウェブ検索する中で，本サービスの広告を目にして，相談メールを送ってきた．

相談経過　初回の相談メールには幼少の頃より他者とのコミュニケーションがうまくいかず，常に変わった人扱いをされてきたこと，バイト先にもうまく馴染めていなかったことが700字ほど書かれており，「人間に生まれたくなかった」「全てを終わりにしたい」と記されていた．アセスメントのために収集しているウェブ・アンケートの結果から，K6の得点は19点（／24点満点），これまでに自殺企図歴はなく，現時点では具体的な自殺の計画もないことが明らかになった．

　初回からの15通のメール（日に約2往復）は，主に，これまで相談者が就職活動で何にどのように苦労してきたのか，アルバイト先での辛い体験を傾聴することとなった．度重なる面接での不合格やバイト先での扱いによって，まるで社会から不必要な人間であると言われているかのように感じること，立派に社会人をやっている同級生の姿を想像するだけで涙が出てくることなどが語られた．また，就職活動に関する不安を家族に吐露したところ，「お前はいったい何を言って欲しいんだ？」と言われ，言葉につまって何も言えなくなるなど，就職活動の躓きにより仲の良かったはずの家族との溝が急激に大きくなっ

ていることが語られた。また，メールの中では，自分は他者とのコミュニケーションがうまくいかず，困っていることも伝えられないという発言がしばしばあった。メールの送受信に関する一般的なビジネスマナーはきちんと守られ，内容も整然とし比較的まとまっていることから，少なくともメールでのやりとりに関する限り，十分なコミュニケーション力があるように感じるということを折に触れて伝えていった。

相談者の抱える葛藤には，①きちんと働いていくために新しい就職支援サービスを活用した方がいいと思いつつも，派遣社員やアルバイトとしてうまくいかなかったときのことを思い出すと，またあの状態になるのは嫌だと思い躊躇してしまうというものと，②夜もきちんと眠れず身体も休まらないので病院に行った方が良いと思いつつも，診断名がつくとそれに甘えてしまい余計に社会に出ようとしないのではないかと不安に思うこと，の二つがあった。そのため，この二つの葛藤が相談者の中にあることをゲートキーパーは返信した。また，就職活動の問題については，引きこもり気味の生活をしている状態から一度に解決できるものではないため，まずは，通院し体調を整えてから少しずつできることを増やしていくのが良いのではないか，というメールを送信した。

相談者の抱える上述の葛藤に関するやりとりを行ってから1週間，相談者からのメールは途絶えた。そこでフォローアップのメールを送信したが，再度1週間の間があいた。その後，精神科に通院して処方薬を飲み始めたことが報告された。受診の様子を聞いたところ，それ以前にゲートキーパーが相談者に送ったものと同様の治療方針であったことから，対面での支援につながったと判断し，この時点でメール相談を終了することとした。

考察　差し迫った自殺企図の危機はないものの，就職活動がうまくいかず，両親に迷惑をかけているという負担感の知覚や，家族との関係の悪化による孤立化が自殺念慮を引き起こした事例である。メールを送って相談をしてきたことを褒めて強化しながら，病院受診や就職支援を受けることに関する葛藤を明確化していったことが，精神科の受診につながったと考えられる。これは，MIの第一原則である「共感を表現する」と第二原則である「矛盾を拡大する」に該当する。また，事例Hの相談者は自身のコミュニケーション力に関する自己肯定感が顕著に低く，このことが援助希求行動を阻害していると考えられたた

め，メールの文面から考える限りそのような傾向がなく，十分なコミュニケーション力があることを繰り返し伝えた。これは，MIの第四原則である「自己効力感を援助する」に該当すると考えられる。

5-6．動機づけ面接が奏功した事例とは？

　自殺や自殺方法関連語を検索するインターネット利用者に無料のメール相談を提供し，アセスメントの上で対面での支援へとつなげるオンライン・ゲートキーパー活動にMIの技法を導入し，奏功した事例を3例報告した。MIの4つの原則を守りながら相談者の生と死に関する葛藤（援助を求める心と拒否する心の混在）を扱うが，援助希求行動を促す場合があることを報告した。これらの事例には，MIの原則を守ったコミュニケーションをすることに加えて，いくつかの共通点が見られた。

　一点目は，初回の相談メールが数百字と比較的長文のメールだったことである。これは，相談者が，メールでの相談において一定程度の自己開示ができ，かつ，書き言葉による比較的長文のコミュニケーションをする能力を有していることを示唆している。オンライン・ゲートキーパー活動の初回メールの文字数の中央値は80文字（詳細は次章）であることから，このような相談者は比較的少数であると思われる。反対に，メールでの長文のやりとりが可能ではない相談者の場合，MIによるオンラインでの相談は有効ではない可能性がある。

　二点目は，メールでの相談そのものにおいて，相談者の生活を改善するアドバイスがあった点である。事例Fでは音信不通であった彼氏との久々の会話の方法について，事例Gでは夫からのDVを減らす方法について具体的にゲートキーパーがアドバイスを行い，それがうまくいっている。ゲートキーパーからのアドバイスが奏功し生活状況が具体的に改善したことは，相談者からゲートキーパーへの信頼を高め，それにより関係性の欲求が満たされ，ゲートキーパーから外発的に動機づけられた援助希求行動が実現化していったと考えられる。このような流れを考慮すれば，メール相談においても相談者の生活状況を具体的に聞き取り，些細なことであっても相談者の生活が改善されるような具体的なアドバイスを行うことは重要であると考えられる。

三点目は，フォローアップのメールを頻繁に送っているということである。MIでは相談者の中にある相矛盾した葛藤を取り上げ，それを明確化することによって，相談者に認知的不協和を引き起こさせ，葛藤状況を打破してどちらかの（この場合，他者への援助を希求する）方向に向けて動きだせるように促す。相談者は必ず自身の葛藤に直面化することになるが，その際，メールでの相談はしばしば中断する（間隔があく）。実際，今回報告した事例も，相談の当初は頻繁にメールのやりとりがあるものの，それが落ち着き，状況がつかめたところで相談者の抱える葛藤への直面化を行うと，メールの頻度は落ちる。しかし，これは相談者とゲートキーパーの関係が悪化しているわけではないため，一定以上の期間があいた場合にフォローアップを行うと，相談者には次第に変化が見られるようになる。また，フォローアップのメールをゲートキーパー側から何度も送ることは，相談者が生きる／他者が気に掛けるに値する存在であることを証明することにもつながるため，そのことは結果として新しい援助希求行動につながると考えられる。

　2010年以降，自殺関連のウェブ検索行動と検索者の自殺リスクの間に関連があることが繰り返し報告され，この関連を実際に自殺予防に活かすための方法として，検索連動型広告を活用したゲートキーパー活動が提唱された。そのようなオンライン・ゲートキーパー活動において，どのように相談者に働きかけることが新たな援助希求行動を生み，相談者を支援者のネットワークに組み込んで自殺のリスクを下げることができるのかは検討されてこなかった。この問題に対する一つの解決策としてMIの活用を提唱し，その活用事例を示したことが本章の最も重要な意義である。また，事例の検討から，MIを有効活用できた事例に共通して見られた点も考察された。一方で，本章の内容はあくまで理論検討と事例報告であり，効果研究ではない。そのため，MIをオンラインでの自殺予防のためのゲートキーパー活動に用いた際の効果を検討するためには，無作為化対照試験等の厳密なデザインの効果研究を行う必要があるという限界を有している。

第6章 夜回り2.0の成果

> **本章のまとめ**
> 初期（2013年7月から2013年12月）の夜回り2.0の活動全体の概要を示し、その運営可能性および効果についての予備的検討を実施した。
> 夜回り2.0では、1人あたり約130円のコストで若年層女性からの相談を中心にメールを集めることが可能であった。
> これらの相談者の約4人に1人に対し何らかの自殺予防的な変化を促すことが可能であることが明らかとなった。
> ただし、このことは夜回り2.0が自殺予防効果を有することを直接意味するわけではない。

6-1. オンライン・ゲートキーパー活動の全体像とは？

前章までに、検索連動型広告を用いたオンライン・ゲートキーパーで支援が奏功した事例を多数示し、新しい自殺への危機介入としての可能性を示した。しかし、これらはいずれも「うまくいった」事例であり、夜回り2.0が全体としてどのように機能していたのか（あるいは、機能していなかったのか）を示したわけではない。そこで本章では、初期の夜回り2.0の活動全体の概要を示し、その運営可能性および効果についての予備的検討を実施した。

6-2. 方　法

広告の設定

　ウェブ検索において自殺に関する検索語が検索された際に，「死にたくなったあなたへ」と題するホームページへの広告が表示されるよう設定を行った。広告表示にはGoogle Adwordsを用いた。広告のタイトルは，「死にたくなったあなたへ」であり，副題として，「いじめ，ひきこもり，過労，暴力，一人で悩まず，話を聞かせて下さい」と表示した。広告を打った検索語については，表6-1を参照されたい。これらの検索語は，Google Trendにおける自殺と同時に検索される検索語，Google Adwordsにおける推奨及び自殺関連語に関する先行研究（末木，2013a）を参考の上で決定された。

　ウェブ広告はメール相談を促す旨が記されたホームページへとリンクが貼られていた。当該ホームページには，自殺念慮を有する人の相談を受け付けていること，相談を促すための文言，相談員の概要，相談メールを受け付けるメール・アドレス，相談が無料であること，既に精神科・心療内科に通院している人の相談は受け付けていないこと，匿名性を保った状態でデータが研究利用される可能性があること等を説明する文言が含まれていた。

組み入れ基準と除外基準

　活動が開始された2013年7月から2013年12月までに受信したメールすべてにゲートキーパー活動を実施した。2013年12月に相談者から最後のメールが受診され，その後3か月にわたってメールが返信されて来なかったものを終結事例とした。その結果，総終結事例数は151件であった。これらの内，返信したメールが相談者の利用しているデバイスによるフィルタリング機能によって相談継続が不可能だったもの等の12件を除いた139件を最終的な分析の対象とした。

データ分析

　ウェブ検索に対して提示した広告の運営状況を分析するために，Google

Adwordsの機能を用いて広告表示数等のデータをダウンロードし，各種の記述統計量をまとめた。

次に，最終的に分析対象となった事例のメールを読み，メール送信者の年齢，若年層（30歳未満）か否か，性別，現在の精神科・心療内科の受診，精神科・心療内科の受診歴，自殺念慮，自殺企図歴，相談者の気分の肯定的変化，援助希求意図の生起，援助希求行動の生起に関して評定を行った。相談者の年齢について学年のみが分かっている場合は，通常想定される年齢の平均値を割り当てた（例：高校1年生の場合は15.5歳）。相談の文字数については，MS Wordの文字カウント機能を用いてカウントした。

最後に，若年層相談者（30歳未満）の特徴及び若年層相談者への活動の効果を検討した。具体的には，年齢の明らかな者を対象に，若年層か否かを独立変数，上述のその他の変数を従属変数としたマン・ホイットニーのU検定あるいはカイ2乗検定を行った。検定には，SPSS Statistics ver. 19.0を用い，有意水準は5％（両側）とした。

6-3．結　果

広告運営の結果

研究対象期間における総広告表示回数は356,745回，総クリック数は3,008回（クリック率：1.20％），広告費用は20,008円，1クリックあたりの費用は約5円であった。相談率は約5.3％［（159人÷3,008クリック）×100］，相談者獲得単価は約133円（＝20,008円÷159人）であった。検索キーワードごとの運営結果（クリック数上位30語まで）を表6-1に記した。表示回数，クリック数ともに最も数が多かった検索語は「死にたい」であり，クリック率（クリック数／表示回数）は1.02％であった。クリック率が最も高かった検索語は「死にたい　助けて」で3.10％であった。広告表示回数1,000回以上でクリック率が3％を超えたのは，「死にたい　助けて」（3.10％）のみであった。

相談者の概要

相談者の平均年齢は23.8歳であり，その約8割が女性であった（表6-2参

表6-1　ウェブ広告に使われた言葉と広告の運用結果

（クリック数上位30語，期間：2013年7〜12月）

キーワード	クリック数	表示回数	クリック率	平均クリック単価
死にたい	1,924	189,145	1.02%	¥5
自殺方法	513	38,389	1.34%	¥5
自殺 楽な死に方	207	9,686	2.14%	¥3
しにたい	299	28,610	1.05%	¥5
集団自殺 募集	105	4,779	2.20%	¥3
自殺方法 首吊り	81	6,655	1.22%	¥3
自殺したい	73	6,584	1.11%	¥4
もう死にたい	68	3,805	1.79%	¥11
楽な自殺の方法	66	3,090	2.14%	¥2
自殺サイト 楽に死ねる方法	50	2,876	1.74%	¥3
生きることがつらい	49	6,168	0.79%	¥3
死にたい 助けて	47	1,517	3.10%	¥6
楽 自殺	47	3,794	1.24%	¥4
自殺志願 募集	43	2,133	2.02%	¥3
自殺 方法 練炭	40	2,602	1.54%	¥3
安楽死 方法	38	1,990	1.91%	¥2
一番楽に死ねる方法	37	1,982	1.87%	¥2
簡単に死ねる方法	37	1,434	2.58%	¥2
自殺マニュアル	32	1,137	2.81%	¥2
消えたい	28	3,942	0.71%	¥2
死にたい 自殺方法	27	1,828	1.48%	¥2
助けて欲しい	24	1,066	2.25%	¥5
確実に死ねる方法	23	1,151	2.00%	¥2
生きる意味が分からない	21	1,731	1.21%	¥2
生きる意味がわからない	21	1,570	1.34%	¥3
自殺 楽	20	1,345	1.49%	¥4
自殺方法簡単	20	1,211	1.65%	¥2
うつ 死にたい	17	1,601	1.06%	¥6
自殺方法 確実	17	891	1.91%	¥3
飛び降り自殺方法	17	1,355	1.25%	¥2

網掛け部分はクリック率が2％以上の検索語

表6-2 分析対象となった事例の概要

	合計 [1] ($n = 139$)	若年層 ($n = 71$)	中高年 ($n = 21$)	p [2]
相談者概要				
年齢：平均（標準偏差）	23.8（9.7）	19.7（4.7）	40.5（6.2）	–
性別（男性／女性）	17／85	9／50	3／16	1.000
精神科受診（現在）	8（5.8%）	1（4.8%）	6（8.5%）	1.000
精神科受診歴	23（16.5%）	12（16.9%）	8（38.1%）	0.067
自殺念慮	103（74.1%）	61（85.9%）	19（90.5%）	0.727
自殺企図歴	17（12.2%）	13（18.3%）	2（9.5%）	0.506
メール内容				
初回相談文字数				
：中央値（最小–最大）	80（0–2,947）	112（0–2,947）	239（0–1,793）	0.343
総文字数				
：中央値（最小–最大）	1495（69–34,460）	2201（330–29,880）	4005（642–34,460）	0.345
総メール数				
：中央値（最小–最大）	6（2–137）	9（2–137）	7（2–95）	0.915
相談継続	100（71.9%）	62（87.3%）	18（85.7%）	1.000
相談結果				
気分の変化	15（10.8%）	9（12.7%）	4（19.0%）	0.484
援助希求意図の生起	23（16.5%）	16（22.5%）	5（23.8%）	1.000
援助希求行動の生起	14（10.1%）	10（14.1%）	2（9.5%）	0.727
上記のいずれか	36（25.9%）	24（33.8%）	8（38.1%）	0.794

1）若年層とも中高年とも判断できない事例があるため，若年層と中高年を合計した値は合計値にならない。合計は若年層や中高年よりも1通メールが送られてきて，こちらからの返信に再度の返信がなかった事例を多く含むため，情報量が少なく，それ故ほとんどの項目で若年層や中高年よりも低い値を示している。
2）若年層事例と中高年層事例の比較の結果を示す。従属変数が量的変数の場合にはマン・ホイットニーのU検定を，質的変数の場合にはカイ2乗検定を用いた。

照)。74.1%の者が自殺念慮をメール内で表明しており，少なくとも12.2%に自殺企図歴が認められた。

分析対象事例の概要

　メール内容の分析結果（表6－2），初回の相談メールに含まれる文字数の中央値は80文字であり，最も短いもので0文字，長いもので約3,000文字であった。すべてのメールに返信を行った結果，71.9%の事例において相談が継続した。総メール回数の中央値は6回（3往復）であり，最小値は2回，最大値は137回であった。

　これらのメール相談の結果，10.8%に肯定的な気分の変化（自殺企図の延期を含む）が見られ，16.5%がこれまでにつながっていない援助者へ援助を要請する意図を示した。さらに，10.1%の者が実際に援助希求行動を起こした。

　最後に，若年層相談者（30歳未満）の特徴及び若年層相談者への活動の効果を検討した（表6－2）。その結果，本研究で取得されたすべての変数について，若年層相談者と中高年層との間に有意な差は見られなかった。

6-4．考　察

　本章では，ウェブ検索に援助希求を促す内容を含めた広告を提示することを通じた，オンライン・ゲートキーパー活動の実践を行った。その結果，本研究のような方法で広告を提示すると1人あたり約130円のコストで若年層女性からの相談を中心にメールを集めることが可能であること，これらの相談者の約4人に1人に対し何らかの自殺予防的な変化を促すことが可能であることが明らかとなった。以下では，広告運営の結果およびメールを活用したオンライン・ゲートキーパー活動の結果から得られた示唆について，それぞれ考察を行う。

相談者の特徴

　インターネットを介してアプローチ可能な自殺ハイリスク者は，死にたい気持ちと生きたい気持ちに引き裂かれたアンビバレントな状態に置かれていることが示唆された。なぜならば，広告のクリック率が最も高い検索語は「死にた

い 助けて」（3.10%）であったからである。先行研究では，自殺を試みる者は生を求める心と死を求める心の双方が存在したアンビバレントな状態に置かれているという指摘がなされる。本研究の結果は，先行研究の結果と合致するものであり，ウェブ検索を活用することにより，確かに自殺ハイリスクな者へ選択的に広告を提示することができていたと考えられる。

　次に，クリック率が比較的高い（2％以上）の検索語を見ると，大きく2つのグループに分類することが可能である。それは，痛みや苦しみの少ない自殺方法を探している検索語（「自殺 楽な死に方」「楽な自殺の方法」「簡単に死ねる方法」）と，他者との交流を求める検索語（「集団自殺 募集」「自殺志願 募集」「死にたい 助けて」「助けて欲しい」）の2群である。ここから，ウェブ広告のクリック率が高い者は，生と死のアンビバレントな状態に置かれつつ，他者との関わりを求め，自殺企図後の苦しみや痛みに耐える力，言い換えるならば自殺の対人関係理論（Joiner, 2005; van Orden et al., 2010）の中で提唱された身についた自殺潜在能力が低い状態にある者だと考えられる。

　ウェブ広告を介してアウトリーチ可能な者の身についた自殺潜在能力が低い可能性があることは，終結事例の自殺企図経験率の低さからも推測される。インターネット上の自殺ハイリスク者が集う場所の一つであるいわゆる自殺系掲示板の利用者へのアンケート調査では，これらのコミュニティの利用者の約6割が一度以上の自殺企図を経験していることが明らかになっている（Sueki et al., 2012）。本研究の多くの事例では相談の初期に自殺の危険性の高さをアセスメントするために過去の自殺企図歴を質問している。本研究の結果は，先行研究で示された自殺企図経験率よりもかなり低い経験率（12.2％）が示されている。つまり，クリック率の高い検索語の結果同様，少なくとも本研究のような広告提示の方法をとった場合は，アウトリーチ可能な者の身についた自殺潜在能力が低くなる可能性がある。ただし，これは広告内で精神科・心療内科受診中の者の相談を予め断ったことに起因する可能性がある。

オンライン・ゲートキーパーの効果

　実施したオンラインでのゲートキーパー活動が本当に有効であったかどうかについては明らかではない。これは，比較対照群が設定されておらず有効性に

ついて推定することが難しくなっているからである。これまでのゲートキーパーに関する研究は，多くの場合，特定のコミュニティの中でゲートキーパー教育・養成を行うことが，自殺率や自殺関連行動の変化にどのような影響を及ぼすかについて検討したものか（Knox et al., 2003; Mehlum et al., 2000; May et al., 2005），あるいは，ゲートキーパー教育を受けた者のその後の知識量や危機対応に関する自己効力感の変化を検討したものであった（Wyman et al., 2008; Matthieu et al., 2008; King et al., 2000）。そのため，本研究においてゲートキーパー活動の有効性の指標として検討した相談者の気分の肯定的変化，援助希求意図の生起，援助希求行動の生起に関する結果との比較が難しくなっている。この点からも，有効性の検討は難しくなっている。「死にたい」気持ちが強まり援助希求意図が低減した者とメールを介した相談を行うと，実際にこれまでつながっていなかった新たな援助資源とのつながりを求めるための援助希求行動が生起する場合があることを示した，というのが本研究で行われた活動の有効性について得られた知見である。

研究の問題点

　本章の研究の限界を3点挙げる。第一に，本研究はインターネット広告を活用したゲートキーパー活動の実施可能性について検証した予備的研究であり，本研究の研究デザインからこの活動の効果について明確な回答は得られない。今後は，ランダム化比較試験による厳格な効果の検証が必要である。第二に，本研究では，メール相談に至った者のその後の自殺率については扱っていない。本研究では，気分の肯定的変化，援助希求意図の生起，援助希求行動の生起について評価を行ったが，今後は，自殺の生起そのものをアウトカムとした研究が必要である。第三に，相談者の属性に関する情報の正確性の問題があげられる。本研究では，主に得られたメールの内容をもとに性別や年齢等を推定した。そのため，非言語的な側面に関する情報が完全に欠落しており，得られた情報の正確性は対面での調査・相談，音声を通じて情報が得られる電話を活用した危機介入研究に比べて低くなっている。

まとめと今後の展望

以上のようないくつかの限界は有するものの，本研究は，ウェブ検索に対して広告を出すことにより，希死念慮を有する若年層のインターネット利用者を相談活動に引き込み，ゲートキーパー活動を実施することが可能であることを示した点で意義のあるものだと考えられる。今後は，大きく以下の2点を改善・検討することにより，より効果的なインターネットを活用したゲートキーパー活動が可能になると考えられる。

第一に，広告の出し方についてである。本研究では表6-1のような検索語をターゲットとしたが，それ以外にも自殺ハイリスク者に相談活動を起こさせるために活用できる検索語は存在すると思われる。また，広告として表示されるホームページの内容についても様々なバリエーションを作成することが可能である。上述のように，本研究の結果として集めることが可能であった相談事例は，自殺念慮は高くとも身についた自殺潜在能力が低いために，自殺の既遂には至らない可能性が高い。よりハイリスクなインターネット利用者へリーチすることが可能な検索語の設定や広告サイトの内容について検証していくことが重要であると考えられる。

第二に，このような活動が誰に対して有効なのか，支援が奏功する条件を明確にする必要がある。自殺対策に投入可能な金銭的・物質的・人的資源は限られている（詳細は第3部参照）。そのため，メールによる相談が有効性を発揮する事例を明らかにした上で，そのような事例に限定的に資源を投入していくことで，最大限の効果が発揮されると考えられる。

第7章 夜回り2.0は誰に対して有効か？

本章のまとめ
　2014年10月〜2015年12月の間に実施された夜回り2.0のデータを分析し，夜回り2.0が奏功しやすい相談者の特徴について分析した。
　経済・生活問題や職場問題のように，どこにリファーすれば良いのかが明らかな問題を抱えていながら，死にたい気持ちに圧倒されて自力では援助希求ができない者を対象とすることで，ゲートキーパー活動の成功率が高まると考えられる。
　それに加え，メールでのコミュニケーションにおいて自己開示傾向が高い者を対象とすることも，活動の成功率を高めると考えられる。

7-1. 夜回り2.0の発展と資源問題

　夜回り2.0の活動は2013年に始まって以降，2014年後期には三菱財団の研究助成金（2014年10月〜2016年3月）と東京都からの補助金を受けることができた。翌年にはそれらに加えて埼玉県からの補助金を受けるなど，徐々に活動の幅は広がっていった。支援を行った事例の数は右肩上がりに増加し，関わるゲートキーパーの数も同時に増やしていった。ゲートキーパーは臨床心理士や精神保健福祉士などの支援の専門的資格を有する者であった。

　その中で最も大きな問題は，どのようなタイプの人に向けて広告を出すことが，活動の意義を最大限に高めることになるのか？という問題であった。2013〜2014年頃，つまり夜回り2.0の活動を始めた初期の頃は自殺関連語の検

索に対して広告を出すと，あっという間に相談のメールが届いた。相談員の数や予算の都合上，常時広告を出しておくことは不可能であり，相談受付の状況（余力）を見ながら，広告表示のオン／オフを切り替える作業をしていた。

　様々なタイプの相談があり，様々なタイプの相談者がいたが，予算とゲートキーパーの数は限られている。そのため，活動の効果を最大限高めるために，どのような相談者からの相談を受けることが結果として夜回り2.0の意義を最大限高め，与えられた資源（補助金や研究費）を最大限活用することにつながるのかを考える必要性に迫られた。

　しかしながら，当然このようなことを検証した研究は存在しない。そこで，我々は，検索連動型広告を用いたオンライン・ゲートキーパー活動を実施したデータをもとに，ゲートキーパー活動の成否と相談者の特性の関連を検討した。ゲートキーパー活動が奏功しやすい相談者の特性が明らかになれば，そのようなタイプのインターネット利用者に対して広告を提示するように設定を変え，効果が出る人に対して集中的に相談に関わるリソースを投入することができるからである。

7-2．方　法

運営に関する進展（前章との差異）

　前章までの初期の夜回り2.0では，基本的に相談メールの文面から相談者の属性（性別・年齢）を判断していた。多くの相談者は，性別や年齢を自発的にメールに書くが，そうではない相談者も存在した。また，自殺企図歴などについてはこちらからあえて聞かなければ答えないため，相談の流れの都合上，確認ができない特性もあった。こうした問題を解消するため，その後，相談者からの最初のメールの受信後に，アセスメントおよび研究同意を取得するためのオンライン質問紙調査を行うこととした。なお，広告等の設定については基本的に前章と同様である。

質問紙

　相談者からの最初のメールの受信後に，アセスメントのための質問紙調査を

オンラインで実施した。質問項目は，性別，年齢（20代，30代，40代以上），抑うつ／不安傾向の強さ，精神科・心療内科の受診歴，飲酒状況，自殺念慮および自殺関連行動（自殺の計画，自殺企図）の有無，広告にたどり着いた際に使った検索語の種類についてであった。抑うつ／不安傾向の強さの測定には，日本版K6を用いた。K6の詳細は第1章を参照されたい。

組み入れ基準と除外基準

　本章で分析しているのは，2014年10月～2015年12月の間に実施されたオンライン・ゲートキーパー活動についてである。研究期間における総広告表示回数は268,381回，総クリック数は5,299回（クリック率：1.97%）であった。その間に受信したメールすべてにゲートキーパー活動を実施した。2015年12月に相談者から最後のメールが受診され，その後3か月にわたってメールが返信されて来なかったものを終結事例とした。その結果，総終結事例数は193件であった（相談率：約3.6%）。これらの内，研究へのデータ利用に同意しなかった者13名，オンラインでの相談以前から支援の専門家との継続的な面談を対面で行っている26名は分析から除外した。最終的に，154名を分析対象データとした。

データ分析

　ウェブ検索に対して提示した広告の運営状況を分析するために，Google Adwordsの機能を用いて広告表示数等のデータをダウンロードし，各種の記述統計量をまとめた。

　メール相談の終結後，ゲートキーパーと筆者が相談メールの内容を独立に読み，相談者の抱えている問題の種類（精神的健康，身体的健康，経済・生活問題，家庭問題，男女問題，学校問題，職場問題，その他，不詳の9カテゴリーからあてはまるものすべてを選択），相談者が自らの名前（オンラインネームも可）を名乗ったか否か，相談の結果として相談者の気分がポジティブに変化したか（例：自殺企図を延期する），相談者がこれまでに相談していなかった人に新規に援助希求行動を起こしたか否か，に関して評定を行った。

　次に，どのような相談者にオンライン・ゲートキーパー活動が有効かを明ら

かにするために統計的分析を行った。オンライン・ゲートキーパー活動によって，相談者の気分がポジティブに変化した場合，あるいは相談者がこれまでに相談していなかった人に新規に援助希求行動を起こした場合，その事例を成功と定義した。そして，相談事例が成功したか否かを独立変数に，その他の上述の相談者の属性を従属変数としたカイ2乗検定あるいは t 検定を行った。最後に，上述の相談者の属性を独立変数（デモグラフィック特性，抱えている問題の種類，自殺関連行動歴，K6得点），相談の正否を従属変数としたロジスティック回帰分析（尤度比，変数増加法）を行った。検定には，SPSS Statistics ver. 21.0を用い，有意水準は5％（両側）とした。

7-3．結　果

相談者の概要

相談者の概要を表7-1に記した。相談者の35.7％は男性であり，年齢の中央値は20代であった。抱えている問題は，メンタルヘルスに関する者が最も多く（38.3％），次いで家庭問題（31.8％），その他（29.9％）の順に多かった。相談時に自殺念慮を有する者は77.9％，自殺の計画を有する者は38.3％であった。過去に自殺念慮を有した経験がある者は81.2％，自殺の計画をたてた経験のある者は64.3％，自殺企図をしたことがある者は42.9％いた。46.1％の者は過去に精神科あるいは心療内科の病院を受診した経験があった。

オンライン・ゲートキーパーの広告にたどり着いた検索語で最も多かったものは，「死にたい」であった（54.5％）。次に，「自殺（12.0％）」，「自殺したい（4.5％）」の順に多かったが，相談者は多様な検索語を用いて広告にたどり着いていた。アセスメントの後，自らの名前（含むオンライン・ネーム）を名乗った者は83.8％であった。相談の結果，気分のポジティブな変化が見られた者が28.6％，新規に援助希求行動を起こし対面で専門家の援助を受けた者が25.3％いた。いずれかの相談の成功の定義にあてはまる者は全体の42.9％であった。

表7-1 本章の分析対象者と前章の分析対象者の違い

	本章 ($n = 154$)	前章 ($n = 139$)
デモグラフィック特性		
性別（男）	55 (35.7%)	16.7%
年齢		
20 – 29	85 (55.2%)	平均年齢（標準偏差）；
30 – 39	35 (22.7%)	23.8 (9.7)
40 +	34 (22.1%)	
抱えている問題		
精神的健康	59 (38.3%)	no data
身体的健康	19 (12.3%)	no data
経済・生活問題	42 (27.3%)	no data
家庭問題	49 (31.8%)	no data
男女問題	33 (21.4%)	no data
学校問題	8 (5.2%)	no data
職場問題	40 (26.0%)	no data
その他	46 (29.9%)	no data
不詳	18 (11.7%)	no data
自殺念慮／自殺関連行動		
自殺念慮（現在）	120 (77.9%)	74.1%
自殺念慮（生涯）	125 (81.2%)	no data
自殺の計画（現在）	59 (38.3%)	no data
自殺の計画（生涯）	99 (64.3%)	no data
自殺企図（生涯）	66 (42.9%)	12.2%
検索ワード		
死にたい	84 (54.5%)	no data
自殺	17 (12.0%)	no data
自殺したい	7 (4.5%)	no data
その他	46 (29.9%)	no data
その他の特性		
相談内での名乗り	129 (83.8%)	no data
抑うつ／不安（K 6）：平均（標準偏差）	12.6 (3.8)	no data
精神科・心療内科受診歴	71 (46.1%)	16.5%
飲酒（毎日）	23 (14.9%)	no data
相談結果		
ポジティブな気分の結果	44 (28.6%)	10.8%
新規援助希求行動	39 (25.3%)	10.1%
成功（上記のどちらか一方）	66 (42.9%)	no data

介入成功事例の特徴

　分析の結果は表7-2に示した。経済・生活問題と職場問題を抱えている者と自らの名前（含むオンライン・ネーム）を名乗った者は，オンライン・ゲートキーパー活動が成功に終わった割合が統計的に有意に高かった。相談者の抱えている問題のアセスメントが不可能だった者は，オンライン・ゲートキーパー活動が不成功に終わった割合が統計的に有意に高かった。その他の相談者の属性と相談の成功／不成功の間に統計的に有意な関連は見られなかった。

　ロジスティック回帰分析でもほぼ同様の傾向が見られた。ロジスティック回帰分析の結果，経済・生活問題（OR = 7.26［95％ CI: 1.26-42.00］），職場問題（OR = 3.22［95％CI: 1.44-7.16］），自らの名前（含むオンライン・ネーム）を名乗ること（OR = 5.94［95％ CI: 1.81-19.55］）は相談の成功と統計的に有意に関連していた。

7-4．考　察

　オンライン・ゲートキーパー活動の成否と相談者のデモグラフィック特性（性別・年齢）や自殺のリスク（自殺関連行動歴の有無，うつ／不安傾向の程度）の間には関連がなく，相談者の抱えている問題の種類が重要であることが示唆された。経済・生活問題と職場問題を抱えた相談者を対象とした場合の成功率は統計的に有意に高かった。また，精神的健康や学校問題を抱えた相談者を対象とした場合の成功率も高い傾向にあった。成功率の高い問題の共通点は，相談者をつなぐべき対面での相談先が明確であるという点である（例：経済・生活問題の場合，生活保護の申請に行く）。また，これらの問題ではオンラインの相談で解決の糸口を見出すことにより，気分が好転する場合が多く，それにより成功率が高まったと考えられる。一方で，家族問題のように相談者をつなぐべき対面での相談先が明確でない場合には，ゲートキーパー活動を成功させるのは難しいと考えられる。

　また，相談者のオンライン・ゲートキーパーに対する自己開示傾向の高さが相談の成功につながると考えられる。相談者の抱える問題がどのような種類のものか判断できなかったものは，ゲートキーパー活動の成功率が0％であり，

表7-2 相談が成功した事例と失敗した事例の比較

	成功事例 ($n = 66$) (%)	不成功事例 ($n = 88$) (%)	検定	p
デモグラフィック特性				
性別（男）	28 (42.4%)	27 (30.7%)	カイ2乗	0.238
年齢；n (%, AR)			カイ2乗	0.291
20－29	33 (50.0%, －1.1)	52 (59.1%, 1.1)		
30－39	19 (28.8%, 1.6)	16 (18.2%, －1.6)		
40＋	14 (21.2%, －0.2)	20 (22.7%, 0.2)		
抱えている問題				
精神的健康	31 (47.0%)	28 (31.8%)	カイ2乗	0.056
身体的健康	11 (16.7%)	8 (9.1%)	カイ2乗	0.157
経済・生活問題	25 (37.9%)	17 (31.8%)	カイ2乗	**0.010**
家庭問題	21 (31.8%)	28 (57.1%)	カイ2乗	1.000
男女問題	18 (27.3%)	15 (17.0%)	カイ2乗	0.126
学校問題	6 (9.1%)	2 (2.3%)	カイ2乗	0.059
**　職場問題**	24 (36.4%)	16 (18.2%)	カイ2乗	**0.011**
その他	24 (36.4%)	22 (25.0%)	カイ2乗	0.127
不詳	0 (0%)	18 (20.5%)	カイ2乗	**< 0.001**
自殺念慮／自殺関連行動				
自殺念慮（現在）	52 (78.8%)	68 (77.3%)	カイ2乗	0.822
自殺念慮（生涯）	53 (80.3%)	72 (81.8%)	カイ2乗	0.812
自殺の計画（現在）	25 (37.9%)	34 (38.6%)	カイ2乗	0.924
自殺の計画（生涯）	42 (63.6%)	57 (64.8%)	カイ2乗	0.884
自殺企図（生涯）	23 (34.8%)	43 (48.9%)	カイ2乗	0.082
検索ワード				
死にたい	34 (51.5%)	50 (56.8%)	カイ2乗	0.513
自殺	9 (13.6%)	8 (9.1%)	カイ2乗	0.602
自殺したい	2 (3.0%)	5 (5.7%)	カイ2乗	0.434
その他	21 (31.8%)	25 (28.4%)	カイ2乗	0.647
その他の特性				
相談内での名乗り	62 (93.9%)	67 (76.1%)	カイ2乗	**0.003**
抑うつ／不安（K6）；				
平均（標準偏差）	12.6 (3.4)	12.6 (4.0)	t検定	0.917
精神科・心療内科受診歴	38 (57.6%)	45 (51.1%)	カイ2乗	0.428
飲酒（毎日）	11 (16.7%)	12 (13.6%)	カイ2乗	0.602

太字：$p < 0.05$
AR：Adjusted residual（調整済残差）

統計的に有意に低かった。また，相談者が自らの名前を明かさなかった場合も相談の成功率は低かった。これらに共通する点は，相談者の自己開示傾向が低いということであろう。Computer-mediated communication (CMC) はインターネット利用者の自己開示傾向を高めることが示唆されているが (Joinson, 2001)，本研究や先行研究におけるオンライン・ゲートキーパー活動の成功率を見ると，そのような環境でも相談者の問題状況のアセスメントのために十分な情報を自己開示できない相談者は多い。CMC環境における相談者との信頼関係の作り方については，今後の検討課題である。

前章との比較

本章で新たにアセスメントのためのオンライン質問紙を導入した結果，検索連動型広告を利用したオンライン・ゲートキーパー活動で相談してくる者は，これまで想定されていた以上に自殺のリスクが高いことが明らかになった。先行研究は，得られたメールの内容をもとに性別や年齢等を推定したために相談者の属性情報が不正確であるという問題を抱えていた。しかし，本研究の結果は，検索連動型広告を利用したオンライン・ゲートキーパー活動における相談者には若い女性が多く，7割以上が自殺念慮を有しているという点で前章の結果と一致していた。一方で，前章の結果と異なる結果も得られた。前章では，自殺企図歴を有する相談者は12.2%，精神科治療歴のある者は16.5%と示されていたのに対し，本章では，自殺企図歴を有する相談者は42.9%，精神科治療歴のある者は42.9%と，いずれの値も大幅に高かった。また，本研究の結果，相談者のK6の平均値は12.6点であった。日本語版K6では，9点以上が気分・不安障害に相当し，13点以上が重症精神障害に相当するとされている (Furukawa et al., 2008)。つまり，本研究でメールをした相談者の多くが精神障害を有しており，半数程度が重症の精神障害を有していた可能性がある。前章とは違い，本章では自記式の質問紙調査を用いたため，これまで報告されなかった事項が明らかになったと考えられる。

本研究の問題点

本研究の限界を2点挙げる。第一に，本研究では，メール相談に至った者の

その後の自殺率については扱っていない。本研究では，気分の肯定的変化，新たな援助希求行動の生起について評価を行ったが，ゲートキーパー活動の真の目的が自殺の防止であることを考慮すれば，今後は自殺の生起そのものをアウトカムとした研究が必要である。第二に，本研究ではゲートキーパー活動の成否に関わるゲートキーパー側の要因について検討していない。各メールへの返信内容やレスポンスタイム等についてはバラつきが生じている。今後は，オンライン・ゲートキーパー活動の成否に影響を与えるゲートキーパー側の要因を検討し，その要因を統制した上での調査が必要であろう。

今後の展望

今後は，大きく以下の3点を改善・検討することにより，より効果的なインターネットを活用したゲートキーパー活動が可能になると考えられる。

第一に，検索連動型広告の出し方についてである。本研究では特定の種類の問題を抱える者や自己開示傾向の高い者をターゲットにしてオンライン・ゲートキーパー活動を行うことが，活動の効率性を高めることが示唆された。しかし，どうすればそのような者にとって魅力的な広告を作成することができるのかは明らかになっていない。検索結果の画面に表示されるリンクの文言や，リンク先のウェブページの作り方を検討し，自殺のリスクが高く，かつオンライン・ゲートキーパー活動が奏功しやすい者を集めるための広告の出し方に関する研究が必要である。

第二に，オンライン・ゲートキーパー活動の効果をランダム化比較試験によって検討する必要がある。本研究はインターネット広告を活用したゲートキーパー活動をより効率的に運営していくための研究であり，オンライン・ゲートキーパー活動が有効な自殺予防活動であることを前提としているが，この前提は明確になっていない。特定のコミュニティ内で行われるゲートキーパー活動が有望な自殺予防であることは示唆されているが，オンライン状況でも効果があることを，より厳格なデザインの研究を用いて明らかにすべきである。

第三に，ゲートキーパー活動の成功率を高めるために，ゲートキーパーがどのようにメールを介し働きかけていくべきなのか，検討すべきである。本研究の結果，42.9%の相談は成功と判断されたが，残りの約6割は働きかけが成功

したとは言えない結果に終わっている。この確率を上げるためには，インターネットを介することによって生じるコミュニケーションの特性を活かしたゲートキーパー・プログラムを開発していく必要があるだろう。

第8章 夜回り2.0における失敗事例

本章のまとめ
　これまでに行った夜回り2.0の支援事例の中から，支援が奏功しなかった事例を紹介し，夜回り2.0の問題点を考察した。
　相談者のニーズとインターネットを用いた支援スキームのミスマッチを防ぐためのアーキテクチャの設計が必要である。
　相談者を公的機関につなぐ際の連携のあり方についてより慎重に検討する必要がある。
　相談者が抱える問題への「直面化」は対面での支援以上に慎重に行う必要がある。

8-1. 夜回り2.0の課題

　夜回り2.0はネット上での行動履歴をスクリーニングとして活用した自殺予防のためのゲートキーパー活動であり，有効性を発揮する局面もある。ポジティブな感情的変化や新規の援助希求行動が生じた事例を支援の成功事例と定義すると，前章で示したように，成功割合は4割程度である。逆に言うと，6割程度は失敗に終わっているとも言うことができる。もちろん，この中には，初回に「死にたい」とだけメールを送ってきて，こちらからいくら返信してもその後の音沙汰がないといった事例も含んだ数字であり，改善のしようのない部分もある。これは，本支援制度の仕組みの問題というよりは，インターネットが援助希求行動のコストを下げ（過ぎ）ることの副作用というべきものである。

しかし，かなり長期にわたってやりとりが続いたが，結局のところ支援が奏功しなかったという事例も当然存在する。このような事例を外に出すのは恥ずかしい部分もあるが，自戒を込めて，相談が失敗に終わった事例についていくつか紹介しておきたい。自殺の危機介入に限らず支援の失敗に関する情報はほとんど開示されることがないが，失敗を分析してこそ次により良い支援モデルが生成されるはずである。

8-2．支援がうまくいかなかった事例

そこで，以下では，夜回り2.0において残念ながら支援が奏功しなかった事例や何らかの問題が生じていると言わざるを得ない典型的な事例を複数紹介し，インターネットを活用した自殺予防の今後の課題を検討する。以下の事例の記述においては，相談に関するメールのやりとりの総数を#，初回メール送信日をXと記した。なお，相談記録の研究利用等に関するインフォームド・コンセントはすべての事例において得ている。

事例H（20代女性）

Hからの1通目のメールは「死にたい」とのみ記されていた（#1）。状況や気持ちを尋ねるこちらからの返信（#2）には，職場での対人関係のことを考えると不安になる，休日も仕事のことを考えてしまうのがつらい，自傷行為が止められない，といったことが書かれていた（#3）。#4では，仕事のどのような点で不安になるのか，どのような時に自傷行為を行うのかを尋ねた。また，#2で送ったアセスメント用のアンケートでは，K6の点数が17点（／24点満点）であること，過去の自殺企図歴があること，現在自殺念慮があることと，過去に心療内科にかかったことがあることが示されていた。自殺の計画はないため，この時点での緊急性は高くないと判断された。

X+1日の夜，仕事において物覚えが悪いこと，いらいらした時に自傷行為を行うという返事があった（#5）。これに対し傾聴を行いながら，身体的な症状（腹痛など）が出ていないか，心療内科にはどういった理由でかかったのかといったことを尋ねた（#6）。日付が変わった後（X+2日），目が覚めた

ということで2時過ぎに連絡があった（#7）。寝不足を感じることが多々あるということが語られたほか，過去に自傷行為の相談のために心療内科に行ったことがあるということが書かれていた。ただし，過去の受診のことはあまり思い出したくないということであった。

　X＋3日の朝，「死にたくなった」「切りたい」といった内容のメールが来た（#10）。周囲の人々には相談できないこと，休日は出かけているが気分が晴れないことも書かれていた。それに対し，精神科の医師やカウンセラーと継続的に相談できる状態にした方がいいというこちらの考えを伝え，精神科に行くことについてどう思っているのか，心療内科に行ったことを思い出したくない理由は何か，といった点について尋ねた。翌日（X＋4日），「過去の受診では話したいことを話せなかった」「辛いのを隠して笑顔で受診した」ということ，「今は受診する気はない」ということが語られた。

　X＋8日になって相談メール内に，「何もしたくない」「何も考えたくない」といった無気力さを表す言葉が出て来るようになった。#22，23では，H自身がしんどいのがゲートキーパーに伝わっているのかを確認するメールが複数来た。職場に居場所がなくやりがいが感じられないことなどが語られた。具体的な問題解決というよりは，共感的に理解をしてもらいたいというニーズが強いことが示唆されたため，電話での相談を提案したが，翌日（X＋9），電話による相談はしたくないという連絡が来た（#25）。

　これ以降は，特にHが一方的に自身の辛さをメールに書きつけ，ゲートキーパーが共感的に話を聞きながら問題解決方法を示唆した内容を返信するものの，進展はないといった展開が繰り返され，相談は煮詰まっていった。ゲートキーパーはHの状況を聞き出し，問題解決のためにどうするかを一緒に考えたいというスタンスでメールを続けたが，H自身は疲弊しており「考えたくない」という状況であった。転職相談所に行こうかどうかを迷う場面もあったが（#60），その後，連絡が途絶えることとなった。

事例I（20代，性別違和（MTF））

　Iは「死にたい」と検索して夜回り2.0にたどりついた。メールでは死なないための相談をするのではなく，楽に死ぬ方法を尋ねてきた（#1）。返信では

自殺方法については触れず，現在の状況や気持ちについて尋ねた。すると，自身が性別違和の問題を抱えていること，6階の狭い自室から飛び降り自殺をしようとしているが大怪我で済んでしまう可能性が怖くて踏ん切りがつかないこと，両親から家を追い出されていること，相談しているケースワーカーはお役所仕事しかしてくれないこと，などが語られた（#3）。アセスメントのアンケートでは，K6の点数が21点（／24点満点）であり，自殺念慮はあるが自殺企図歴はないことが示唆された。問題状況に関する共感的な聞き取りを続けた結果（#5〜16），「死なずに果報を待つ」「状況は生き地獄だけど，一人ではない」といった発言が見られ，自殺念慮が低くなってきている様子がうかがえた（#17）。

X＋1日の朝，あまり寝れなかったという連絡がきた（#19）。このメールには「発狂しそう」「飛び降りてしまうかもしれない」「楽になりたい」といった記載があり，パニック状態に陥っている様子が見て取れた。そのため，ゲートキーパーがIの居住地域の生活保護課に連絡を取る旨を伝え，了承を求めた（#20）。しかし，返信はなかった。

緊急事態と判断し，ゲートキーパーが保護課に連絡を取ったところ，その日はIが保護課に行く予定であることが明らかになった。その後，Iからゲートキーパーに連絡があり，外出が怖くて役所に行けそうにないこと，両親に助けを求めたが「じゃあ死ね」と切り捨てられたこと，自殺を示唆する内容がメールには書かれていた（#23）。

ゲートキーパーから保護課にIの保護を求めたが，役所の担当者の対応は固く，生活保護課の担当者（ケースワーカー）がIに連絡することはなかった。そこでゲートキーパーは警察に連絡をし，Iの保護を求めた。ほどなく，Iから警察がゲートキーパーと話がしたいと言っているという連絡があったため，ゲートキーパーから再度警察に連絡をし，状況の詳細な説明を行った。その後，警察官付き添いのもとでIは区役所へ行き，そのまま入院をすることが決まった。

事例の考察と夜回り2.0の課題

事例Hは夜回り2.0の支援スキームと相談者のニーズがマッチしておらず，途

中から連絡が途絶えた事例である。ゲートキーパー活動である夜回り2.0では，いのちの電話等が提供する傾聴・ビフレンディングとは異なり，問題のアセスメントと対面での支援サービスへのつなぎを提供している。このことは，検索連動型広告からリンクされているメール相談の誘導画面にも書かれていることであるが，その内容は必ずしも相談者に伝わるわけではない。相談者が死にたい気持ちに圧倒され，心理的視野狭窄に陥っている可能性が高いことを考慮すれば，メール相談の誘導画面をよく読んでいないことは当然想定されるべきことである。こうした相談者のニーズと夜回り2.0の支援スキームのミスマッチを防ぐために，どのような検索語に広告を出すのかを検討することは，重要だと考えられる。しかし，オンラインでのゲートキーパー活動の有効性を最大限に高めるための検索語の設定の方法は明かになっていない。また，検索連動型広告からリンクの貼られているメール相談の誘導画面の内容の作り方も，同様の理由からより詳細に検討を行うべきであるが，残念ながらそこまで着手することはできていない。

検索語の設定やホームページの作り方などのアーキテクチャの設定の仕方ではなく，メール相談の初期段階で治療契約を行うことも，このミスマッチの問題を防ぐために有効かもしれない。しかしながら，自殺念慮に圧倒されながらも，インターネットにより援助希求コストが低減されたことによりなんとか相談メールを送ることができた相談者をサービスの目的と合致しないために相談から除外することは，自殺予防という大きな目的の達成から見れば本末転倒であるとも思われる。このようにサービスの有効性の向上（限りある資源の有効活用）とサービスの普遍的提供の間にはトレード・オフ関係があるが，そのバランスをどのように考えるべきかを検討することは今後の大きな課題である。

事例Iは夜回り2.0の活動を通じてこれまでに相談をしたことがない場所へと相談者をつなげることができた事例である。しかし，つなぎ先の（経済的・人的）リソースの問題や方針の差異により，十分な支援が得られたとは言い難い状況に陥るという問題が発生した。本事例の場合，警察の介入をはさむことによりこの状況を打開することができたが，これは支援のあり方としては王道とは言い難いものであろう。インターネットは自殺高リスク者を早期に発見し，適切な援助資源へと導く可能性を高めるものであるが，本来支援を受けられる

はずのそのつなぎ先が機能していなければ，自殺予防効果を発揮することはありえない。ウェブを介した新しいサービスを拡充することは重要であるが，より根本的な社会保障サービス（例：医療制度，生活保護制度）が死の瀬戸際に追い込まれた人々を包摂することができる状況が整っていることはより重要である。

　また，NPOのような私的機関と役所や警察のような公的機関との連携のあり方（例：自殺の危険の高い相談者の個人情報の共有の仕方）についても検討が必要である。非常に残念なことではあるが，本事例のように，公的機関に自殺高リスク者をつなぐ際に，つなぎ先の支援者が否定的な態度をとることは珍しいことではない。それは，いわゆる生活保護の水際作戦のように経済的リソースの問題である場合もないことはないが，自殺高リスク者への支援に対する経験や知識のなさが障壁となっていることも多い。なぜならば，こちらが既に立てている見立てや，その相談者への接し方のティップスのようなものを共有することで，担当者の態度が変わることも我々は経験しているからである。こうした点を考慮すれば，インターネットを介して，支援を必要とする人と支援を提供する人をどのように橋渡しするのかを検討することは重要であると言える。

　以上，インターネットを活用した自殺対策の一つである夜回り2.0の支援事例を紹介しながら，インターネットを活用した自殺予防の課題について考察をした。インターネットは自殺高リスク者を早期に特定し，適切な援助資源へと結びつける可能性を秘めているが，そのポテンシャルを十全に発揮させるためには支援の枠組み作りにおけるより一層の工夫が必要である。また，支援者が自殺高リスク者の支援に関する十分な技術・知識を有することができるように支援をしていくことも必要である。

8-3．危機介入における困難の要因と解決策

　事例Hに典型的に見られるように，かなり長期にわたるコミュニケーションを行ったにもかかわらず，支援がうまくいかないケースは散見される。それでは，メールに代表される文字を使った非同期的コミュニケーションによる心理

的支援の困難はどこから生じるのであろうか。

　夜回り2.0の実践経験から言える支援における最も大きな困難は「直面化」の難しさである。対面での同期性の強いコミュニケーション環境において（つまり，通常の心理援助場面において），「直面化」のようにある程度侵襲性の強い介入を相談者に対して行う場合，支援者は相談者の非言語的な情報を加味しながら，その表現やニュアンスを適宜変えることができる。相談者の表情からこちらの意図が伝わっていないことが読み取れれば，補足的な説明をすることもできるであろう。一方で，メール等の非言語情報の欠落した非同期的コミュニケーション環境においては，そのような微調整が効かない。電話であればコミュニケーションが同期的であり，かつ声という非言語的情報を活用することができるため，だいぶ状況は改善されるが，人間にとって最も重要な情報伝達手段である視覚情報が活用できないことは，やはり大きなハンディキャップである。

　確かに，メールや電話にも利点はある（詳細は末木（2013a）を参照）。例えば，メールのような非言語的な情報の欠落した非同期的メディアを使ったコミュニケーションは，コミュニケーションそのものの統制可能性を上げるために利用者の緊張を緩和したり，自己開示を促進したりする効果を持つことはある。電話においても，対面をしないことがコミュニケーションにおける不安感を低減するといったこともあるだろう。しかし，これらのメリットと上記のデメリットを比較した場合，デメリットの方が大きいというのが筆者らの実感である。

　また，メールには24時間受信することができるという特性があり，これはメリットになる場合もあるものの，支援困難事例においてはデメリットとして機能してしまうようである。メールは何時に送っても相手に届き，それがコミュニケーション相手の迷惑となることはない。しかし，不安感が強く混乱し，まさに危機にあるクライエントにとって，メールの返信を待つ時間は苦しいものである。クライエントが特定の特性を有する場合（例：不安感が強く，自己開示が少ない），返信速度は相談の成否に関わってくる傾向が見られるように感じられる。つまり，困難な事例であればあるほど，いつでも対応することができるような環境を整えておくことが望まれるということである。

しかしながら，支援者も人であり，24時間いつでも支援者でいることは不可能である。仮にチームで対応することが可能であったとしても，24時間いつでも相談を受ける状況を維持し続けることは困難であり，そのようなことを行えば支援者のバーンアウトを引き起こすであろう。これを防止するためには，コミュニケーションの時間を限定することが考えられるが，それはメールのメリットを消すことに通じるものであり，メールのメリットを生かしきれないというジレンマを発生させてしまう。

　このような問題を解決し，メールや電話を対面での面接に代替して心理援助を行うことは，現在のところ難しい。むしろ，メールや電話などのメディアや新しい技術を適切に活用し，困難に直面した相談者が円滑に専門的支援者につながることができるように，様々な工夫を凝らしていくことが重要であろう。その工夫は，クライエントの生活環境に応じてなされていくべきである。今後も，その時に応じて，コミュニケーションのプラットフォームとなるメディアそのものは変わっていくはずである。そのため，時代に応じたサービスの不断の改変が求められる。

　夜回り2.0（検索連動型広告を活用したオンライン・ゲートキーパー活動）はある時期にはなかなかに良い自殺予防活動であるかもしれないが，これが未来永劫ベストな形であることはありえない。自殺予防における普遍性（自殺ハイリスク者は孤独で援助希求力が低く，自らが周囲の重荷になっていると考えている）とコミュニケーション環境の時代性を加味した新サービスの開発は，今にも必要なのかもしれない。

第3部
自殺予防への態度と啓発活動
―主に金銭的観点から―

第9章 自殺予防に税金の支払いや寄付をしたいか？

> **本章のまとめ**
> 自殺による死亡リスクを低減するための対策にどれだけ支払いをしても良いと我々が考えているのか（自殺対策への支払意思額）を推計する調査を行った。
> 自殺のリスクを25％減少させることに対する支払意思額の中央値は1,572円（95％信頼区間：1,358－1,836円）であり，統計的生命の価値は，3,144万円（95％信頼区間：2,716－3,672万円）と推計された。
> 他の形式の死亡リスクを対象とした場合と比較して，自殺死亡をもとに算出した統計的生命の価値は10倍ほど低い。このことは，我々が他の形式の死亡リスクに比して，自殺死亡リスクを低減することに対する投資をしたがらない傾向を有していることを示している。

9-1. 夜回り2.0における別の課題

　第2部では，夜回り2.0の誕生と発展について述べた。相談活動のあり方には様々な課題が存在していたし，今も存在している。時代の変化に合わせてより良い活動のあり方を模索することは，終わることのない課題である。
　一方，もう一つ悩ましい問題であったのは，活動の財源であった。2014年からはほぼ継続的に研究費や補助金を獲得し相談活動を積み重ねることができていたが，財源の不足は常に頭の痛い問題であった。夜回り2.0の場合，広告費はあまりかからないと言ってよい（自殺に関する言葉に広告を出したい人間

などいないからである)。しかし，相談を受けるゲートキーパーは基本的に何らかの対人援助に関わる資格を有するプロによって構成されており，彼ら／彼女らを雇用するには人件費が必要であった。こうした人件費は研究費や補助金を使って賄うこともできるが，こうした資金は永続的なものではなく期間限定であるため，安定的に活動をしていくには不十分なものであった。

　この問題を解消するために，寄付を募るといった活動もしたが，それはものすごく難しいことであった。端的に言えば，お金は集まらなかった。これがなぜなのか，そしてどうすれば良いのか，というのが，自殺対策を継続に行っていくために課せられた次なる課題であった。我々は，自殺対策とお金の関連についても頭をひねっていく必要があったのである。

　さて，もっともらしいことを上には書いたが，実際には自殺とお金の問題を考えるにあたっては，筆者にはもう一つのモチベーションがあった。実はこの頃，行政官をしていた妻が筆者の自殺学の講義をフラッと聞きに来て，授業後にこう言ったのである。「確かに自殺対策をするのには予算は必要でしょう。もしかするとやれば自殺者数は減るかもしれない。でも，その予算の正当性や適切性，投資効率についてはどういう風にあなたは考えているの？　どれだけの予算を採ってくれば十分だと思うわけ？　それを国民に説明できるの？　あなた自殺の研究者なんでしょ？」

9-2．自殺対策の財政基盤

　というわけで，そもそも日本における自殺対策がどのようなお金によって成り立っているのか，ということを確認しておきたい。端的に言えば，自殺対策は税金によって成り立っており，投入されている予算額はおおよそ表9-1の通りである。これは，2016年に自殺対策基本法が一部改正されるまで自殺対策を所管していた内閣府自殺対策推進室（現在は厚生労働省）のホームページに掲載された資料をもとに，自殺対策基本法成立以後の自殺対策予算の推移を筆者がまとめたものである。

　これを見ると2007〜2012年頃の自殺対策には年間約120〜300億円の予算が投入されていたことが分かる。ただし，予算の推移に関する補足として，以下

表9-1 自殺対策関連予算額の推移

事項	2007年度予算額	2008年度予算額	2009年度予算額	2010年度予算額	2011年度予算額	2012年度予算額（含補正案）
1. 自殺の実態を明らかにする	234,920	220,960	188,374	39,084	28,409	45,677
2. 国民一人ひとりの気づきと見守りを促す	1,106,929	1,479,634	442,130	322,848	363,450	260,292
3. 早期対応の中心的役割を果たす人材を養成する	621,908	583,890	556,596	346,307	447,362	371,222
4. 心の健康づくりを進める	6,161,971	4,035,600	989,586	885,322	2,841,579	8,697,882
5. 適切な精神科医療を受けられるようにする	343,153	390,700	2,615,678	2,773,256	2,925,778	2,941,760
6. 社会的な取組で自殺を防ぐ	14,612,584	14,115,858	8,721,853	7,897,756	6,609,503	17,112,916
7. 自殺未遂者の再度の自殺を防ぐ	1,527,588	1,729,638	2,174,758	2,315,159	1,819,581	10,973
8. 遺された人の苦痛を和らげる	64,951	82,212	62,933	45,299	19,368	—
9. 民間団体との連携を強化する	97,740	119,811	240,253	259,204	259,979	151,303
10. 上記に該当しないもの	17,239	23,918	17,881	17,044	17,527	3,031,757
合計（千円）	24,684,039	14,446,242	13,577,505	12,446,000	13,421,344	32,623,782

内閣府（2013）のホームページ（http://www8.cao.go.jp/jisatsutaisaku/yosan/index.html）を参考に，2013/09/30筆者作成

の事項は念頭におく必要がある。2008年度の合計が前年度より大きく減額しているのは，「スクールカウンセラー等活用事業」及び「スクールソーシャルワーカー活用事業」（2008年度予算額計8,101,741千円）が2009年度から「学校・家庭・地域の連携協力推進事業」（2009年度予算額（案）14,260,610千円）に統

合され，予算額から除外されたからである。また，これ以外に2009年度には「地域自殺対策緊急強化基金」（予算額：100億円）が造成され，都道府県における自殺対策予算として活用された。この基金は2011年度の3次補正において37億円が積み増され，2012年度まで延長された。

　表9-1では自殺総合対策大綱の当面の重点施策の大項目ごとに集計されており，ここで計上されている対策の具体的な中身については紙幅の都合上省略する。興味のある方は，内閣府のホームページを参照されたい。ただし，自殺対策関連予算とひとまとめにされているが，地下鉄のホームドアの設置やアルコール等依存症への対策といった自殺予防に関するエビデンスのある対策から，国営公園整備費や森林・林業・木材産業づくり交付金のような自殺対策との関連が不明瞭なものまで含まれていることを一言申し添えておく。

　次に考えるべきは，この予算額が適切なものであるかどうかである。通常，対策に投入された予算以上に社会全体が便益を受けていれば，その予算額が過大であるとは言えないと考えられる。しかし，そもそも自殺対策によって社会全体が得る便益とはどのようなものであり，またそれがどのように計測できるのかという問題が生じる。

　日本における自殺対策の経済的便益を検討した研究で近年最もインパクトを与えたものは，国立社会保障・人口問題研究所の金子らによる推計だろう（金子ら，2010）。この研究では，自殺やうつ病がゼロになった場合の経済的便益の推計額は単年（2009年度ベース）で約2兆7千億円と推計されている。この研究における自殺対策の経済的便益とは，「自殺を予防することによって，働ける間は働くことができるようになるために得られる生涯所得（稼働所得：賃金所得と自営業所得）の直近年次における現在価値（期待値）」のことであり，自殺がゼロになることによる稼働所得の増加は1兆9028億円と見積もられた。この額は，2009年の自殺死亡者（計32,845人，警察庁統計）のうち0歳～69歳までの自殺死亡者（計26,539人）を男女別年齢階級別に集計し，2009年に死亡しなかったという仮定のもとに生涯所得を合算した値である。これに加え，自殺対策は中長期的なマクロ経済的便益（GDPの増加）を生みだす可能性を有している。

　ただし，この推計にもいくつかの問題は存在する。第一に，所得をもとにし

た推計では，生産年齢人口以外の年少者や高齢者への自殺対策の便益については検討できないという問題がある。年少者の自殺件数はそれほど多くないものの，自殺の危険性の高い高齢者の自殺対策の価値を推計できないことは，大きな問題である。第二に，上記の推計は自殺者がゼロになった場合の経済的便益を推定しているが，この状態の経済的便益を推計することは現実的ではない。自殺死亡のようなリスク管理の戦略の一つには，あらゆるリスクを排除しようとするゼロリスク戦略があるが，完全にリスクをなくすことは，技術的・経済的に不可能である。どれほどの自殺対策をしたとしても確率的に一定程度の自殺が生じるという前提にたてば，自殺対策の経済的便益についてはより現実的なラインで検討する必要がある。第三に，そもそも自殺のリスク（例：うつ病，無職）を抱えていた人の生涯所得が，自殺のリスクが低い人の生涯所得と同一であると仮定するのはどう考えても無理がある。金子ら（2010）の推計は，常識的に考えれば，自殺対策の経済的便益をかなり過大評価していると思われる。

　以上のような問題を含んでいる推計ではあるものの，この推計をもとに，仮に，自殺者がゼロになるという推計の前提を弱め，対策の結果として2009年に比べ自殺者が2割減少すると考えると（年齢や性別等は均等とする），約5,400億円（約2兆7千億円×0.2）分の対策をしても十分に経済的に釣り合う計算となる。2007年および2012年に閣議決定された自殺総合対策大綱では，どちらも数値目標として2016年までに，自殺死亡率を2005年と比べて20％以上減少させることを掲げている。2005年の自殺死亡者数（32,552人）は2009年（32,845人，いずれも警察庁統計）とほぼ同一であることから，大綱での目標が達成された際には，毎年この程度の額の便益が得られていることになることが分かる。自殺対策は国の予算のみによって実施されているものではないが，自殺対策に投入されている予算の総額（120〜300億円）と自殺対策から得られる経済的便益の推計額（約5,400億円）との間には大きな開きがある。つまり，得られるであろう便益に比して随分と少額の投資しかしていない状態が多年にわたり継続している状態にある，ということである。

9-3. 統計的生命の価値

　なぜ，本来であれば自殺対策に対してもっと投資をすればより大きな経済的便益が得られそうであるにもかかわらず，我々は投資をしないのであろうか。これは非常に不思議な現象である。この現象が生じる原因に関する仮説は，我々が自らの抱える死亡リスクに関してどの程度投資をすべきと見積もるかと，上記のような客観的データによる便益の推計値にはズレが生じているというものである。

　この仮説の正否を考える際に参考になる概念の一つに統計的生命の価値 (Value of Statistic Life，以下，VSL) がある。VSLとは，ある事象に起因する統計的死亡を回避するための支払意思額（Willingness to Pay，以下，WTP）を集計し，便宜的に1人の統計的死亡を回避するためのWTPを算出したものであり（古川ら，2004），リスク削減幅に対するWTPをリスク削減幅で除したものである。例えば，自殺死亡のリスクを1/10万だけ小さくすることに対して1,000円の支払いをしても良いと考えた場合，VSLは，「1,000円÷1/10万＝1億円」となるということである。

　仮にある施策が自殺を予防し命をつなぎとめることだけを目的に実施されている場合，「当該施策により救命された人数×VSL＞費用」という状態になれば，その施策は継続すべきものだと判断することができる。反対に，「当該施策により救命された人数×VSL＜費用」となれば，その施策は中止すべきものだと判断することができる。もちろん，自殺予防に関わる対策には，自殺を予防すること以外の副次的な効果を生みだすものがほとんどであるためこれほど話は単純ではないが（例：自殺対策を目的に，うつ病やアルコール依存の治療のために精神科医療の充実を図れば，自殺対策以外の波及効果が見込める），VSLという概念を使うことで，自殺のようなリスクを削減するための施策が経済合理的に実施されているかどうかの目安を知ることが可能となる。

　なお，VSLについては，人命を金銭的に評価することへの倫理的抵抗感から批判や誤解を受けることがある。しかし，VSLは，一定の確率で避けがたく起こる統計的な死亡（≠特定個人の死亡）を避けるために支払う金額をもとに算

出されているものであること，生命を金銭的に評価することではなく微小なリスクを削減する行政行為の効率化が目的であることを理解する必要がある（竹内，2002）。つまり，VSLは決していわゆる「いのちの値段」ではないということである。

VSLの推定の種類はヘドニック・アプローチ（Hedonic Approach，以下，HA）と仮想評価法（Contingent Valuation Method，以下，CVM）の大きく二つに分けることができる。以下では，それぞれの手法について概観する。

HAとは，命の危険性・安全性と金銭とのトレード・オフ関係に着目をし，既存のデータからVSLを推定する手法全般のことを指している。最も多く使われるのがヘドニック賃金法（Hedonic Wage Method）であり，この手法では「より危険な仕事の報酬は高くなる」という賃金プレミアムを分析することでVSLを推定する。ヘドニック賃金法は欧米において多数の研究が蓄積されているが，残念ながら日本では「より危険な仕事の報酬は高くなる」という前提が満たされていないことが示唆されている（Kniesner et al., 1991）。その他，例えば，「より安全性の高い車は高価格である」という車の販売価格と安全性のトレード・オフに着目し，VSLを推定した研究なども存在する（古川ら，2004）。

一方CVMとは，特定のサービスの現状を説明した上で，その内容や質の変更に対してどの程度の支払いをする意思があるか（WTP）を直接質問する方法である。CVMは1947年に提唱されたが，社会的注目を集めたのは，1989年にアメリカ・アラスカ州のプリンス・ウィリアムズ湾で発生したエクソン社のタンカー「バルディーズ号」による原油流出事故を契機とした賠償問題においてである（栗山ら，2013）。この際，CVMは直接的に換算可能な漁業被害のみならず，自然や希少動物に関する環境ダメージを定量的に評価するために用いられた。

それでは，実際にこれまでの研究でVSLはどの程度だと推定されているのだろうか。表9-2は，VSLに関するメタ分析の研究結果を一覧にしたものである。これを見ると，各研究によって多少の差はあるものの，概ね数百万ドル（数億円）程度の額であると推定されていることが分かる。国土交通省（2009）のまとめによると，CVMをもとに算出されたVSLは，イギリスでは約1.79億円，アメリカでは2.93億円，ニュージーランドでは2.28億円となっており，これらの

表9-2 統計的生命の価値に関するメタ分析の結果

研究名	収集事例の VSL推定方法	データ数	分類（地域，リスク）	結果（VSL）
Desvousges et al.（1998）	HA, CVM	29	アメリカ等	$ 3.6 million
Day（1999）	HA	60	アメリカ，カナダ，イギリス	$ 5.6 million
			世界13地域	$ 0.7（0.6－0.9）million
Miller（2000）	HA, CVM	68	北米	$ 2.2（1.6－2.6）million
			EU	$ 2.7（2.5－3.6）million
			日本	$ 4.7（4.4－7.0）million
Mrozek et al.（2002）	HA	203		$ 2.0（1.5－2.5）million
Viscusi et al.（2003）	HA	49	全体	$ 5.0－6.2 million
		—	アメリカのみ	$ 5.5－.6 million
Kochi et al.（2006）	HA, CVM	76		$ 5.4 million（SD＝2.4）
Bellavance et al.（2009）	HA	32	全体	$ 8.4 million（平均），SD＝7.9
				$ 5.0 million（中央値）
		16	アメリカのみ	$ 6.3 million（平均），SD＝5.0
				$ 4.6 million（中央値）
		1	日本のみ	$ 1.3 million（平均）
				$ 1.3 million（中央値）
Lindhjem et al.（2011）	SP	850	合計	$ 7.4 million（SD＝2.4）
		207	環境	$ 9.0 million（平均），SD＝1.5
				$ 3.0 million（中央値）
		390	健康	$ 4.0 million（平均），SD＝0.4
				$ 1.1 million（中央値）
		259	交通事故	$ 6.9 million（平均），SD＝0.6
				$ 3.0 million（中央値）

HA: Hedonic Approach（ヘドニック・アプローチ）
CVM: Contingent Valuation Method（仮想評価法）
SP: Stated Preference（選好表明法）
VSL: Value of Statistic Life（統計的生命の価値）
SD: Standard Deviation（標準偏差）

結果が表9-2のメタ分析の結果と大きく異なることがないことが分かる。

　国内におけるVSLの推定結果はどのようになっているのであろうか。日本では長らく実務的な観点から約3,000万円（医療費＋逸失利益＋慰謝料等）が生命の価値として用いられてきたが（金本，2002），近年，CVMにより算出した

WTPに基づくVSLの推計に関する研究が盛んに行われている。一方，HAに基づく研究は少なく（古川ら，2004；宮里，2010），その推計値は7.9～21.4億円となっている。

表9-3は，国内のCVMを用いたVSLの推定に関する研究の一覧である。これを見ると，VSLは概ね数億円程度と推定されていることが分かる。この値は，海外の研究を中心に行われたメタ分析の結果と大きく異ならない値である。なお，山本ら（1994）の研究のみ他の研究よりも一桁高い推定値を出している。これについては，最大提示額での購入同意確率が高く同意確率分布の右裾に関する情報が不十分である，ろ過器使用によってリスクがゼロになるという極端なシナリオである，「水道水」「トリハロメタン」「発癌」という特定のリスクを扱っていることが支払意思額にプラスの影響を与えた可能性がある，といった指摘がなされている（竹内，2002）。

国土交通省（2009）は，「公共事業評価の費用便益分析に関する技術指針（共通編）」の中で，「『精神的損害』は『支払意思額による生命の価値』をもとに設定することを基本とし，これまでの国内の研究実績・成果の蓄積状況，海外での設定状況を踏まえ，当面，226百万円／人（死亡）を適用するが，今後，必要に応じて見直しを行う。ここで設定された値は，現時点で，国土交通省所管の公共事業の評価において適用することが妥当と判断されたものであり，他の分野にそのまま適用できるものとは限らないことに留意する必要がある」と記している。この数値は，内閣府（2007）の交通事故死亡リスクを50％削減する仮想財の購入に関する支払意思額を元に算定された額である。内閣府（2007）の調査は，調査対象者の数やサンプリング方法等の調査方法という観点から見て最も信頼性の高い国内における調査であり，他の先行研究から推定された金額を考慮しても，妥当な額であると考えられる。この推定値から，「対策の便益＝対策によって救命される予定人数×2.26億円」が民意を反映した値であることが分かる。仮に，自殺総合対策大綱の目標に準じ，自殺死亡率を2005年と比べて20％以上減少させることができれば，年間で約1兆8,560億円程度の経済的便益が得られる計算となる。

しかし，これらの推計には大きな問題がある。これらの研究の問題点は，VSLの算出に用いられた死亡リスクについて，多くの場合交通事故あるいは病

表9-3 国内における仮想評価法を用いた統計的生命の価値の推定に関する研究の概観

研究名	概要	死亡原因	結果(VSL)(億円)
山本ら(1994)	水道水中のトリハロメタンを除去する架空のろ過器という財に対する購入意思を尋ねた。	水質汚染	22.4-35.5(平均値)
竹内ら(2001)	死亡リスクを削減する架空の商品の購入について,二段階二肢選択の訪問面接調査($n=300$)を実施した。		0.2-2.4(中央値)
今長(2001)	死亡リスクを安全装置の設置によって10%から50%まで削減できた場合の5つの支払意思額を尋ね,20,30,40%の削減率における支払意思額から推定される統計的生命価値の平均を最終結果とした($n=30$)。	交通事故	4.6(中央値)
松岡ら(2002)	クアラルンプールにおける訪問留置調査($n=469$)と広島市における調査(郵送調査+学校での配布)($n=1,287$)を行った。大気汚染死亡(①)に関しては三通りのシナリオを,交通事故死亡(②)については一通りのシナリオが容易された。	大気汚染 交通事故	マレーシア ①32-65万ドル ②19-35万ドル 日本 ①314-432万ドル ②529-699万ドル (平均値)
経ら(2004)	死亡リスクが低減する仮想財に対する支払意思額を尋ね,徳島市内10地区における郵送調査($n=333$)。	交通事故	4.5(中央値)
Tsuge et al. (2005))	首都圏の住民を対象とした仮想評価法を用いた対面訪問調査($n=400$)。	交通事故 がん 心臓病	3.5 [2.1-5.1](平均値)
Itaoka et al. (2005)	静岡県の住民からランダムに選ばれた1,296名に訪問調査を実施し,677名の協力を得た。二段階二肢選択法。		1.0-3.4(平均値)
内閣府(2007)	死亡リスク17%削減(①)と50%削減(②)の2種類のシナリオを設定して,二段階二肢選択の訪問面接調査($n=2,000$)を実施した。	交通事故	①4.6 [4.2-5.1] ②2.3 [2.1-2.5] (中央値)
大野ら(2009)	地球温暖化にともなう熱中症の防止に関する費用対効果を検討するため,仮想評価法による二段階二肢選択のインターネット調査を実施($n=1,193$)。	地球温暖化による熱中症	0.9-1.1(平均値)
奥山ら(2011)	死亡リスク20%削減(①)と50%削減(②)の2種類のシナリオを設定して,多段階二肢選択のインターネット調査($n=12,193$)を実施した。	交通事故 交通事故+疾病	交通事故 ①4.5, ②2.3 交通事故+疾病 ①1.7, ②0.8 (中央値)
陳ら(2011)	地球温暖化にともなう熱中症の防止に関する費用対効果を検討するため,仮想評価法による二段階二肢選択のインターネット調査を実施($n=1,096$)。	地球温暖化による熱中症	2.3(中央値)

VSL: Value of Statistic Life(統計的生命の価値)

気による死亡が用いられており，自殺死亡のリスクについて扱われていないことである。他殺・事故死・自然死といった他の形式の死と自殺死亡とでは，その後の悲嘆反応の重篤さや悲嘆の質が異なる可能性があることをいくつかの先行研究は示唆している（de Groot et al., 2006; Jordan, 2001）。これを考慮すれば，先行研究で示唆された数値を自殺対策に関する費用便益分析に用いることは必ずしも適切とは言えない。それでは，仮想評価法を用いて自殺死亡リスクの削減に関するWTPの推定を行い，VSLを算出するとどうなるであろうか。

9-4．推計方法

研究デザイン：仮想評価法の採用

VSLの推定の種類は顕示選好法と表明選好法の大きく二つに分けることができる（表9-4参照）。本研究では，自殺死亡リスクと金銭的トレード・オフ関係を形成する入手可能なデータが存在しないことからHAによる自殺死亡リスクの算出が困難と判断し，CVMによる手法を採用した。なお，自殺死亡リスクを対象としたWTPの推定についてCVMによる実施可能性があることが先行研究において指摘されている（Healey et al., 1999）。

CVMにおけるWTPの質問方法として，本研究では二段階二肢選択法を採用した。CVMにおけるWTPの質問方法には，自由回答，付け値ゲーム方式，支払カード方式，二項選択方式，など多様な手法がある。各方式にはそれぞれ利点と問題点があるが，二段階二肢選択法式が，米国海洋大気局（National Oceanic and Atmospheric Administration，以下NOAA）が十分信頼できるCVMの具体的条件を提示したガイドラインにおいて推奨されている（NOAA, 1993）。二段階二肢選択法式の調査とは，あるサービスへの支払いに同意するかどうかを提示し，初回の提示額への同意／不同意に応じた金額を再提示するという質問方法であり，提示した金額に対する支払いへの同意確率と提示額との関係からWTPを推定する。

質問紙と自殺リスクの説明

質問紙には，自殺による死亡リスクの大きさの説明，死亡リスクという考え

9-4 統計的生命の価値／支払意思額の推定方法

	研究手法名	内容	対象となる価値			
			利用価値			非利用価値
			直接利用価値	間接利用価値	オプション価値	
顕示選好法	代替法	当該サービスを代替サービス（市場取引されており，類似の目的で使われ，同様の効用を与えるサービス）に置き換えた場合に必要となる費用から評価する手法				
		例：学生相談の経済価値を評価するために，精神科病院で行われている自費のカウンセリングの平均価格を使う	○			
	ヘドニック法（Hedonic Approach）	サービスの存在が，住宅価格や賃金等に与える影響をもとに，サービスの価値を評価する手法				
		例：学生相談の経済価値を評価するために，そのサービスが存在する大学としない大学との学費の差を検討する		○		
	トラベルコスト法（Travel Cost Method）	訪問する動機づけを誘発する場所やサービスと，訪問のための費用との関係から価値を推定する手法				
		例：二つの心理療法の選択率と居住地から各心理療法の提供場所への交通費を使って，二つの心理療法の経済的価値の差を検討する		○		
表明選好法	仮想評価法（Contingent Valuation Method）	特定のサービスの現状を説明した上で，その内容や質の変更に対してどの程度の支払いをする意思があるか（支払意思額，Willingness to Pay）を直接質問する方法				
		例：大学の中にある学生相談が経済的理由によって廃止されることを阻止するために，年間いくらの学費の値上げになら賛成できるかを問う	○	○	○	○
	コンジョイント分析（Conjoint Analysis）	いくつかの要素を含んだ代替案を複数作成し，その代替案の中から裁量と思われる案を選んでもらう。その結果を元にコンジョイント分析を行い，サービスの価値を推定する手法				
		例：8,000円／時間かかるがうつ病が1年以内に寛解する確率が70％のサービスAと，3,000円／時間だが寛解する確率が40％のサービスBのどちらが望ましいかを選択してもらう	○	○	○	○

個人の実際の行動結果のデータに基づいた分析を行う場合を顕示選好法，個人は実際には行動を行っておらず仮想的な状況の中でどのような行動を行うかを質問したデータを使う場合を表明選好法と呼ぶ
直接利用価値とは，サービスを直接利用することによって得られる価値である
間接利用価値とは，サービスを間接利用することによって得られる価値である
オプション価値とは，直接・間接利用価値を提供するサービスを自分が将来享受できることから得られる価値である
非利用価値とは，サービスを利用しなくても得られる価値（例：サービスがすぐ近くにあり，いつでも利用可能なことからくる安心感）である
栗山ら（2013）を参考に筆者作成

に慣れるための質問，自殺対策についての意識に関する質問（WTPに関する自由回答法の質問），抵抗回答を把握するため値付けの理由に関する質問が含まれていた（巻末の付録1参照）。これらに加え，身近な人の自殺関連行動（既遂自殺，自殺企図，自殺念慮）の有無，自殺に関する経験（自傷経験，自殺念慮，自殺の計画，自殺企図）の有無，性別，年齢についての質問が行われた。自殺による死亡リスクの大きさの説明については，自殺死亡という微小なリスクについて回答者の理解を促すため，先行研究（内閣府，2007）を参考に作成した死亡リスクを図示したリスクの物差しを使い，他の死亡リスクとの比較も行った。

組み入れ／除外基準

　2014年9月に日本における大手インターネット調査会社を通じて，インターネット調査を行った。調査対象者は当該調査会社にモニター登録をしていた20歳以上の者であった。質問紙は38,345人に配信された。配信対象者は日本における調査時点における最新の国勢調査における性別・年齢・居住地域および予想回収率を考慮して決定された。質問紙を回答するウェブサイトにアクセスした者は5,189人，回答を完了した者は2,359人であった。その後，調査会社と著者との事前の契約に基づき，2,359人からランダムに選ばれた2,001人のデータが筆者に納入された。納入された2,001人のデータの中から，死亡リスクという考えに慣れるための質問に正解しており，自殺対策に対するWTPを評価していない回答を除いたすべてを分析対象とした。自殺対策に対するWTPを評価していない回答とは，WTPの支払動機として，「自殺対策の実施に関わらず，人の役に立つことにお金を払うことはいいことだから」あるいは「自殺対策を実施することは重要だが，増税という方法に反対だから」を選択したものである。

統計的分析

　WTPの推計には，二段階二選肢形式で収集されたデータの分析として一般的なHaanemann et al.（1991）のモデルを用いた。

9-5. 結　果

　最終的な分析対象者は956名，平均年齢は51.4歳（標準偏差: 16.3），女性は490名（51.3%）であった。デモグラフィック項目の詳細は表9-5を参照されたい。自殺念慮を有したことがあるものは，250名（26.2%），自殺企図を経験したことがある者は44名（4.6%）であった。身近な人の既遂自殺を経験したことがある者は239名（25.0%），身近な人の自殺企図は128名（13.4%）であった。分析対象者と除外者の差を検討したところ，分析対象者に含まれる高学歴者の割合（46.0%）は除外者のそれ（40.6%）よりも統計的に有意に高かった。その他の変数における差は見られなかった。

表9-5　分析対象者と除外者の比較

		分析対象者 (n = 956)	除外者 (n = 1045)	Difference	p [1]
性別：n (%)	女性	490 (51.3)	545 (52.2)	−0.9	0.720
年齢：平均（標準偏差）		51.4 (16.3)	51.6 (16.7)	−0.4	0.761
婚姻状況：n (%)	既婚	619 (64.7)	702 (67.2)	−2.5	0.257
家族構成：n (%)	子どもあり	606 (63.4)	674 (64.5)	−1.1	0.608
学歴：n (%)	**大卒以上**	**440 (46.0)**	**424 (40.6)**	**5.4**	**0.015**
世帯年収：n (%)	400万円以下	321 (33.6)	390 (37.3)	−3.7	0.084
自殺念慮／関連行動（生涯）：n (%)					
自殺念慮あり		250 (26.2)	261 (25.0)	1.2	0.579
自殺企図あり		44 (4.6)	53 (5.1)	−0.5	0.677
身近な他者の自殺あり		239 (25.0)	255 (24.4)	0.6	0.795
身近な他者の自殺企図あり		128 (13.4)	135 (12.9)	0.5	0.791

(1) 量的変数には t 検定を，質的変数にはカイ2乗検定を用いた
太字：$p<0.05$

　WTPの推計の結果，自殺のリスクを25%減少させることに対する支払意思

額の中央値は1,572円（95％信頼区間：1,358-1,836円）であった。内閣府（2007）の報告によると，交通事故による死亡リスクを17％減少させることに対する支払意思額は4,623円，50％減少させることに対しては6,782円であった。ここから，自殺死亡を対象とした場合の統計的生命の価値は，3,144万円（95％信頼区間：2,716-3,672万円）と推計された。なお，WTPの高さと関連のあるデモグラフィック要因は，婚姻状況であり，既婚状態であることとWTPが高いことには統計的に有意な関連が見られた（$p=0.011$）。年齢が高いこともWTPが高いことと統計的に関連する傾向が見られた（$p=0.089$）。

9-6．考 察

本研究では，インターネットを使って日本における一般住民への質問紙調査を実施し，自殺予防に関するWTPを推定した。自殺死亡を10万分の20から10万分の15へ25％削減することに対するWTPは，中央値で1,572円であった。これを元にVSLを算出すると，3,144万円となる。政府の行う自殺対策の方針を定めた自殺総合対策大綱では，2016年までに自殺死亡率を2005年と比べて20％以上減少させるという目標を掲げていた。これは2005年に比べて年間自殺者数を約8,000人少なくするということを意味する。VSLが3,144万円とすると，この対策は目標が達成されると年間約2,500億円 程度の便益を生み出すと考えられる。これは国の自殺対策総予算よりはるかに多い額である。つまり，この目標は現状の予算をある程度増額してでも達成する経済的価値があるものだと言える。

本研究の結果算出されたVSLは先行研究と比しても最も低い水準の金額であった。国内では自殺による死亡リスクを対象としたVSLの推定に関する研究は行われておらず，単純な比較は不可能であるが，このような結果が出た原因に関する仮説は，自殺死亡リスクを減少するための対策へのWTPはそもそも他の死亡リスクを減少させるための対策へのWTPよりも低いというものである。先行研究でも，死亡の形式を具体的に指定していない調査は交通事故死亡よりもVSLが低い傾向にある（表9-3）。これを考慮すると，交通事故よりも自殺の方が身近に感じられないために，VSLが低く算出された可能性がある。

ただし，この仮説を詳細に検討するためには，同一の調査協力者に対しいくつかの死亡リスクへの対策についてのWTPを質問し比較するといった形式の調査を今後する必要がある。

年齢の高さとWTPの高さとが統計的に有意に関連していたが，これは本研究の結果のある程度の妥当性を保証するものである。なぜならば，一般に年齢の高さはWTPの高さと相関するからである。年齢の高さは自殺の危険因子の一つであり，年齢が高い人ほど自殺予防へのWTPが高いのは自然なことである。本研究では回答者本人の自殺リスクを減少させる政策へのWTPを尋ねているので，身近な者の自殺関連行動がWTPと関連を示さなかったことも，妥当な結果である。一方で，自らの自殺関連行動とWTPとの間には関連が示されなかった。自殺念慮を有していたり過去に自殺企図をしたことがある者は，死にたい気持ちが生きたい気持ちよりも強くなっており，自殺対策に対して期待をしない者が増加するのかもしれない。ただし，この点については推測の域を出ないため，今後の検討が必要である。

1．本研究の問題点

本研究には以下の3点の問題がある。第一に，NOAAガイドラインはWTPの質問を行うにあたり，対面訪問調査を行うことを推奨している。本研究では限られた予算の中から二段階二肢選択法を実施するに際して必要なサンプル数（$n > 400$）を確保するため，インターネット調査を用いた。そのため，調査票への理解が不十分な者が増え分析から除外される者が増加した可能性がある。第二に，調査協力者に提供する情報の質の問題がある。本研究では，CVMの実施に際して生じるバイアスを回避するために定められたNOAAガイドラインを参照しながら質問紙を構成するよう努めた。しかし，仮にこのガイドラインを守ったとしても様々なバイアスが生じることが認知心理学的実験や調査的研究によって明らかになっている。自殺対策の便益を検討するためには，CVM以外の方法による多角的な評価手法が必要である。第三に，本研究において設定された仮想的シナリオが結果に与えた影響を考慮する必要がある。VSLはWTPをリスク削減幅で除した値であるが，想定したリスク削減幅が大きくなるほどVSLが小さくなることが，理論的にも調査的にも示されている。

本研究では先行研究を参考に25％の自殺リスクの削減というシナリオを元に調査を行ったが，リスクの削減幅は自殺予防のエビデンスに基づいて設定すべきである。

今後の展望

今後は，大きく以下の2点を改善・検討することにより，より詳細に自殺対策へのWTPを明らかにすることが可能となると考えられる。

1点目は，交通事故死亡リスクの削減との比較を行うことである。死亡リスクの削減に関するWTPの研究のうち，日本において最も蓄積が進んでいる領域は交通事故死亡についてである。実際，国土交通省は交通事故死亡リスクを50％削減する仮想財の購入に関する支払意思額に関する研究を元に，人的損失に伴う精神的損害額の基準（226百万円／人）を示している（内閣府, 2007）。その他，表9-3に示したように国内において多様な対象者へのCVM調査が行われている。こうした領域との比較を行いながら自殺死亡リスクを対象とした対策へのWTPを検討することは，自殺死亡リスクを単独で検討するよりも，妥当な推論をすることを可能にすると思われる。

2点目は，自殺対策の効果に関するエビデンスを明確にすることである。VSLはWTPをリスク削減幅で除した値であるが，想定したリスク削減幅が大きくなるほどVSLが小さくなることが，理論的にも調査的にも示されている（栗山ら, 2009）。つまり，VSLやWTPは仮想的シナリオに含まれるリスク削減幅の影響を受けるので，調査を行う際には現実的な削減幅を設定しなければ妥当な結果を得ることはできないということである。本研究では，25％の自殺リスクの削減というシナリオを元に調査を行った。しかし，リスクの削減幅は自殺対策のエビデンスに基づいて設定すべきである。今後は，国内における自殺対策のエビデンスを整理した上で，現実的な想定をもとに調査を実施していく必要がある。

第10章
自殺予防への支払意思額を低める要因とは？

> 本章のまとめ
> 　自殺に関する特定の考え方（例：自殺は予見不可能で防ぐことができない）が自殺予防への支払意思額に影響を与えていると仮定し，その関連を検討した。
> 　自殺は誰にでも起こり（もちろん，自分自身にも），予防できるものであると考えている人の支払意思額は高かった。
> 　自殺が起こることに理解を示し，自殺を防ぐことが人々の権利の侵害だと考える傾向を有している人の支払意思額は低かった。
> 　これらの研究結果は，ヘルス・リテラシー研究の知見と一致していた。

10-1. なぜ自殺対策への寄付は集まらないのか？

　前章で確認したように，人々は自らの（「他者の」ではない！）自殺のリスクを下げることに対して非常にネガティブな態度を有している。他の死亡形式に比較して10倍近く支払っても良いと考える金額が低いのである。夜回り2.0の継続的な実施のための資金集めには苦労をし続けていると言ってよいが，おそらくこれは本書で取り上げている活動のみならず，自殺予防に関わるすべての団体が経験することであろう。
　しかし，難しい／大変だと現状を嘆いていても，活動のための資金は集まら

ない。当面は研究費や補助金を活用していくとしても，活動を継続していくためには，なぜ自殺対策に人々は投資をしたいと考えないのか，それはどうすれば変えていけるのか，ということを考えていかなければならなかった。もちろん，考える／研究するだけではなく，人々の意識を変えるための活動もしていかなければ，世界は変化しない。

　それではどのような要因が自殺予防への支払意思額を高めたり／低めたりしているのであろうか。前章で見たように，年齢や婚姻状況については自殺予防への支払意思額と関連がある可能性がある。しかし，年齢や婚姻状況は他者が介入することによって簡単に変えられるようなものではない。年齢が高い人の支払が良いのであれば年齢の高い人に集中的に寄付を募りにいくといったことは可能であるが，残念ながらそれが限界である。こちらが介入することによって年齢を増やすことはできない。婚姻状況も，なかなか介入することは難しい。既婚者は自らの自殺の可能性を恐れ支払意思額が高くなるかもしれないが，だからといって未婚者を自殺対策のために結婚させる，などといったことはできない（そんなことができれば，それは実は効果的な自殺対策になるだろうが）。

　他者が介入することができ，かつ支払意思額に関係しそうな要因としてまっさきに思いつくものは，自殺に関する考え方である。これまでに，自殺に関する態度が自殺への支援行動や支援スキルと関連していることが指摘されている（Bagley et al., 1989），ことを考慮すれば，これは妥当な推論であるように思われる。例えば，自殺を予測不可能なものだと見なしていたり，自殺は防ぐことができないものだと考えていれば，自殺予防への支払意思額は低くなる可能性がある。また，これらは誤った信念であり，何らかの介入で変えることができると思われる。しかし，実際には自殺に対する態度や考え方と自殺死亡リスクの低減への支払意思額の関連について検討した先行研究は存在せず，その関係は明らかになっていない。

　そこで本章では，仮想評価法を用いた自殺死亡リスクの低減に関する支払意思額と自殺に関する態度との関連を検討することを目的とした調査を行った。自殺死亡リスクの低減への支払意思額に影響を与える要因を明らかにすれば，自殺死亡リスクの低減への予算措置への理解を効果的に求めることが可能となり，政策を充実させることに寄与する可能性があるからである。

10-2. 方 法

質問紙

　前章と同様の質問票を用いて自殺対策への支払意思額を推定した（巻末の付録1参照）。ただし，今回は，仮想的シナリオの内容に一部変更を加えた。具体的には，自殺対策の強化によって年間の自殺リスクが25％減少するとしていたものを，より現実的に20％に修正した。また，支払意思額の質問は前章で用いられた二段階二肢選択方式ではなく自由回答方式を採用した。

　自殺に関する態度はQuestionnaire on Attitudes towards Suicide（以下，ATTS）日本語版37項目（Kodaka et al., 2013a）を用いて測定した。回答は5件法のリッカート尺度であるが，原典の得点付与方法が明瞭ではないため，「全くそう思わない」を0点，「全くそう思う」を4点とした。日本語版についての原論文では本尺度は，自殺の権利（Right to suicide）（項目5, 16, 29, 32, 34, 36），自殺の一般性（Common occurrence）（項目14, 15, 17, 28, 31），脅しとしての自殺表明（Suicidal expression as mere threat）（項目12, 33），非正当行為（Unjustified behavior）（項目2, 3），予防可能性（Preventability/readiness to help）（項目1, 30, 37），衝動性（Impulsiveness）（項目4, 10, 22）の6因子構造をとるとされている。本尺度はスウェーデンで開発された後，バックトランスレーション等を経て作成された。ただし，因子の信頼性（Croncach's a = 0.34-0.75）は十分とは言えず，その傾向は他の研究でも変わらないという問題を有している（Kodaka et al., 2013b）。しかしながら，現在日本語で利用可能な自殺に関する態度を測定する尺度の中では，多様な自殺に関する態度を最も網羅的に扱ったものと判断し，本調査ではこれを用いた。分析に際しては原論文の因子構造が十分に安定的でなく信頼性も低いため，本調査のデータで再度因子分析を行った後に利用することとした。

　なお，自殺に関する態度を日本語で利用可能な尺度を用いて測定しようと考えた場合，ATTSの他に日本語版Attitudes to Suicide Prevention Scale（ASP-J）（川島ら，2013）を用いることも考えられた。ASP-Jは高い信頼性と構成概念妥当性が確認されているが，自殺予防に対する医療従事者の否定的態度の測定に

焦点を当てており，一部項目において医療従事者以外が回答することが困難なものが存在する（例：自殺念慮のある患者のために働くのは，報いのある仕事だ（項目4）；臨床業務に関与しない人でも，自殺予防について判断を下すのはたやすい（項目7））。ATTSとASP-Jの利用には一長一短があるが，本調査の対象者にASP-Jの回答は困難と考えられたことから，ATTSを用いた。

その他，WTPの支払動機，性別，年齢，婚姻状況，子どもの有無，就業状況，学歴，世帯年収，自殺に関する経験（自殺念慮，自殺の計画，自殺企図，身近な人の自殺）の有無について質問を行った。

調査手続きと組み入れ／除外基準

2015年に日本における大手インターネット調査会社を通じて，インターネット調査を行った。調査対象者は当該調査会社にモニター登録をしていた20歳以上の者であった。質問紙は38,345人に配信された。配信対象者（$n = 127,506$）は日本における調査時点での最新の国勢調査における性別・年齢・居住地域および予想回収率を考慮して決定された。質問紙を回答するウェブサイトにアクセスした者は28,836人，回答を完了した者は2,855人であった。2,855人のデータの中から，死亡リスクという考えに慣れるための質問に正解しており，自殺対策に対するWTPを評価していない回答を除いたすべてを分析対象とした。自殺対策に対するWTPを評価していない回答とは，WTPの支払動機として，「自殺対策の実施に関わらず，人の役に立つことにお金を払うことはいいことだから」あるいは「自殺対策を実施することは重要だが，増税という方法に反対だから」を選択したものである。その結果，最終的に1,771人が統計分析の対象となった。

統計的分析

はじめに，WTPと自殺に関する態度との関係を検討した。まず，ATTS 37項目に対して主因子法による因子分析を行った。固有値の減衰状況及び解釈可能性から4因子構造が妥当であると考えられた。再度4因子を仮定して主因子法・Promax回転による因子分析を行い，どの因子に対しても負荷量が絶対値で0.3未満あるいは複数の因子に対する負荷量が絶対値で0.3以上である項目を

因子を十分に特徴づけていないという理由から除外した。再度主因子法Promax回転による因子分析を行い，最終的に4因子27項目を採用した。

次に，ATTSの各因子に含まれる項目の平均点（因子負荷量がマイナスの項目は逆転処理）を独立変数に，WTPを従属変数にした順序ロジスティック回帰分析（強制投入法）を行った。WTPは従属変数とする際に連続変数として分析せず，支払意思額を四分位で分けたカテゴリカル変数とした。これは，WTPの分布が，0円，1,000円等のキリの良い数字を山とした分布を形成しており，連続的に変化していると判断することが難しかったためである。また，順序ロジスティック回帰の実行の際には，分析を以下の3つのモデルに分けて行った。モデル1（調整なしモデル）はATTS4因子のみを独立変数としたものであった。モデル2は，モデル1にデモグラフィック項目（カテゴリカル変数はダミー化）を追加してその影響を調整したものであった。モデル3（全調整モデル）はモデル2に，自殺に関する経験（カテゴリカル変数はダミー化）を追加してその影響を調整したものであった。これは，先行研究において，年齢や自殺に関する経験がWTP及び自殺に関する態度と関連することが示されており，WTPと自殺に関する態度の関連を検討する際の交絡要因になることが想定されたためである。すべての分析にはSPSS21.0J for windowsを用い，検定の有意水準は5％（両側検定）とした。

10-3．結　果

1,771名の最終分析対象者のうち，968人（54.7％）は男性であり，平均年齢は47.4（標準偏差 = 14.2）歳であった。57.3％は婚姻状態にあり，52.7％は一人以上の子どもがいた。16.5％は無職の状態であり，54.6％は大卒以上の学歴を有していた。31.7％は中程度（400～700万）の世帯年収であり，700万以上は全体の28.0％であった。39.9％は過去に自殺念慮を有した経験があり，15.2％は自殺の計画をたてた経験があった。9.3％は自殺を試みた経験があり，29.3％は身近な他者が自殺で亡くなった経験があった（表10-1）。除外されたサンプルは，分析対象者に比べ，女性，低学歴，自殺企図経験者の割合が多かった。

表10-1 本調査の分析対象者と除外者の比較

	分析対象 ($n = 1,771$)		除外 ($n = 1,084$)		差分	p
性別，男；n（%）	968	(54.7)	535	(49.4)	5.3	**0.006**
年齢；平均（標準偏差）	47.4	(14.2)	46.6	(14.1)	0.1	0.143
婚姻状況，婚姻中；n（%）	1,015	(57.3)	596	(55.0)	2.3	0.228
家族構造，子どもあり；n（%）	934	(52.7)	567	(52.3)	0.4	0.847
就業状態，無職；n（%）	293	(16.5)	170	(15.7)	0.3	0.565
学歴，大卒以上；n（%）	967	(54.6)	515	(47.5)	7.1	**<0.001**
世帯年収；n（%）						0.205
低（400万円未満）	714	(40.3)	674	(43.3)	−3.0	
中（400～700万）	561	(31.7)	495	(31.4)	0.3	
高（700万以上）	496	28.0	419	(25.4)	2.6	
自殺に関する経験（生涯）；n（%）						
自殺念慮	706	(39.9)	443	(40.9)	−1.0	0.609
自殺の計画	270	(15.2)	190	(17.5)	−1.7	0.116
自殺企図	165	(9.3)	132	(12.2)	−2.9	**0.016**
身近な他者の自殺	519	(29.3)	329	(30.4)	−1.1	0.555

太字：$p<0.05$

　自殺死亡リスクの20％の減少に対する支払意思額の中央値と最頻値は1,000円であり，平均値は1,612円であった。これをもとに統計的生命の価値を計算すると，中央値と最頻値を用いた場合は約2,500万円，平均値を用いた場合は約4,030万円となる。

　表10-2は因子分析の結果である。因子分析の結果得られた4因子について，それぞれ含まれる項目の意味内容から，自殺の正当化，予防可能性，自殺の一般性，理解と予測不可能性と名付けた。各因子の内的一貫性は十分に高いとは言えないものを含むものの（Cronbach's α = 0.64–0.85），以下の分析に耐えるものと判断した。

　順序ロジスティック回帰分析の結果（表10-3），自殺対策への支払意思額と関連が見られたのは，自殺の正当化（$\beta = -0.15$, 95% CI: -0.25–0.04, $p = 0.006$），予防可能性（$\beta = 0.81$, 95% CI: 0.69–0.94, $p < 0.001$），自殺の一般性（$\beta = 0.32$, 95% CI: 0.19–0.46, $p < 0.001$），の3因子であり，理解と予測不可能性との関連は見られなかった。

表10-2 自殺に関する態度尺度の因子分析の結果

	Factor I	II	III	IV
Factor I：自殺の正当化				
（平均 = 3.09，標準偏差 = 0.79，Cronbach's α = 0.85）				
私は，重い不治の病に苦しむ人たちが，自ら命を絶つことを理解できる。	0.91	0.18	-0.17	-0.03
重い不治の病で苦しみ，死にたいと明らかに望んでいる人は，死ぬための手助けを受けるべきだ。	0.78	0.00	-0.10	0.17
自殺は，不治の病からのがれる手段として受け入れられるべきだ。	0.75	-0.04	-0.08	0.09
もし私が重い不治の病に苦しんだならば，自ら命を絶つことを考えるかもしれない。	0.73	0.18	0.05	-0.07
人には，自ら命を絶つ権利がある。	0.61	-0.19	0.03	0.0
自殺が唯一の解決策である状況もある。	0.45	-0.07	0.25	-0.12
もし私が，重い不治の病に苦しんだなら，誰かに自殺の手助けをしてもらいたい。	0.44	0.04	0.21	0.02
Factor II：予防可能性				
（平均 = 3.28，標準偏差 = 0.63，Cronbach's α = 0.73）				
自殺しようとする人を止めようとするのは，人としての義務だ。	0.04	0.64	-0.01	0.18
自殺は防ぐことができる。	0.11	0.63	-0.07	0.06
自殺は，本当は助けを求めている行為だ。	0.15	0.52	0.18	0.08
もし誰かが自ら命を絶ちたいと思っていても，それはその人の問題なので，邪魔をすべきではない。	0.16	-0.52	0.28	0.18
人は，自殺を考えている人を，いつでも助けることができる。	0.02	0.50	0.14	0.14
私は自殺の危機にある人たちに接触し，彼らを手助けする心づもりがある。	-0.03	0.46	0.26	0.00
その人が自殺すると決めたのなら，他の人はそれを止めることはできない。	0.22	-0.46	0.16	0.16
Factor III：自殺の一般性				
（平均 = 2.59，標準偏差 = 0.56，Cronbach's α = 0.64）				
私は，実際にそう思っていなくても，自ら命を絶つと口にするかもしれない。	-0.02	0.11	0.67	-0.16
ほとんどの人は，今までに一度は自殺を考えたことがある。	0.12	0.13	0.49	-0.15
私にとって孤独は自ら命を絶つ理由になりうる。	0.05	0.21	0.48	-0.15
自殺をしようとする試みの多くは，誰かを罰するため，あるいは誰かに復讐するために行われる。	-0.11	0.01	0.45	0.17
ほとんどの自殺をしようとする試みは，身近な人との衝突が原因だ。	-0.06	0.10	0.43	0.19
一度でも自殺を考えた人は，その考えをなくすことは決してできない。	0.02	-0.11	0.43	0.14
自殺は予兆なしに起こる。	-0.03	-0.02	0.36	0.16
Factor IV：理解・予測不可能性				
（平均 = 2.88，標準偏差 = 0.61，Cronbach's α = 0.65）				
どうして自ら命を絶つことができるのか，私には全く理解できない。	-0.20	0.05	-0.06	0.63
若者は，いくらでも生きがいとなるものがあるのに，なぜ自殺するのかは理解しがたい。	-0.10	0.18	-0.06	0.56
自殺について語る人は自殺しない。	0.13	0.03	0.08	0.53
自殺するとおどす人が実際にそうすることはめったにない。	0.25	0.06	-0.08	0.43
ほとんどの自殺をしようとする試みは，衝動的な行為だ。	-0.11	0.19	0.24	0.35
自殺は，あまり話題にするべきではない事がらだ。	0.01	0.01	0.07	0.35
Eigenvalues	6.09	2.81	2.34	1.53
Percentage of the variance	20.99	30.68	38.76	44.02

表10-3 順序ロジスティック回帰分析の結果

	モデル1					モデル2					モデル3				
	B	95%CI 下限	95%CI 上限	Wald	p	B	95%CI 下限	95%CI 上限	Wald	p	B	95%CI 下限	95%CI 上限	Wald	p
自殺に関する態度															
自殺の正当化	-0.15	-0.28	-0.02	4.84	0.028	-0.15	-0.28	-0.01	4.66	0.031	-0.15	-0.25	-0.04	7.66	0.006
予防可能性	0.88	0.73	1.04	122.91	<0.001	0.90	0.75	1.06	124.98	<0.001	0.81	0.69	0.94	155.58	<0.001
自殺の一般性	0.35	0.19	0.52	18.07	<0.001	0.34	0.17	0.51	15.94	<0.001	0.32	0.19	0.46	22.22	<0.001
理解と予測不可能性	-0.05	-0.19	0.09	0.51	0.477	-0.03	-0.17	0.11	0.16	0.688	-0.07	-0.18	0.05	1.27	0.259
デモグラフィック要因															
性別，男						-0.07	-0.25	0.11	0.59	0.443	0.10	-0.04	0.24	1.95	0.163
年齢						-0.01	-0.01	0.00	1.96	0.162	-0.01	-0.01	0.00	5.67	0.017
婚姻状況，婚姻中						0.03	-0.21	0.26	0.05	0.829	0.00	-0.18	0.19	0.00	0.966
家族構造，子どもあり						-0.09	-0.33	0.15	0.52	0.473	-0.02	-0.20	0.17	0.03	0.873
歳業状態，無職						0.00	-0.25	0.26	0.00	0.976	-0.13	-0.33	0.08	1.52	0.218
学歴，大卒以上						0.34	0.16	0.52	13.99	<0.001	0.31	0.17	0.45	18.14	<0.001
世帯年収中						0.14	-0.08	0.35	1.55	0.213	0.17	0.00	0.34	3.95	0.047
世帯年収高						0.23	0.00	0.46	3.92	0.048	0.24	0.05	0.42	6.37	0.012
自殺に関する経験（生涯）															
自殺念慮											0.13	-0.04	0.30	2.24	0.135
自殺の計画											-0.08	-0.34	0.18	0.36	0.549
自殺企図											0.43	0.14	0.72	8.63	0.003
身近な他者の自殺											0.12	-0.03	0.27	2.39	0.122

WTP：Williness to pay（支払意思額）
CI：Confidence interva（信頼区間）
太字：$p < 0.05$

10-4. 考　察

　自殺死亡リスクを20％低減する政策への支払意思額と自殺に関する態度の関連を分析した結果，自殺の正当化の低さ，予防可能性の高さ，自殺の一般性の高さと支払意思額の高さが関連していた。つまり，自殺は誰にでも起こり（もちろん，自分自身にも），予防できるものであると考えている人は自殺対策に向けて増税をすることに好意的である。一方で，自殺が起こることに理解を示し，自殺を防ぐことが人々の権利の侵害だと考える傾向を有している人の支払意思額は低かった。これらの関連は合理的なものであると思われる。

　本研究で得られた結果の妥当性は高いものである。その理由は二点ある。第一に，これらの結果は，ヘルス・リテラシーに関する研究結果とも一致している。ヘルス・リテラシーとは，我々が自身の健康を維持するために健康情報サービスを利用し，意思決定をしていく力のことであるが，ヘルス・リテラシーの低い人々は健康的な活動を増進することに対する支払意思額が低い（Bosompra et al., 2001; Khawali et al., 2014; Liu et al., 2009）。自殺に関する正しい（予防することが可能であるものの様々な人に突然起こりうる）と支払意思額の間に正の相関がみられたことは，ヘルス・リテラシー研究の結果と一致するものであり，本研究の妥当性を保証するものでもある。第二に，自殺予防に関する支払意思額を検討した最も頑健な研究である前章の調査とWTPやVSLの値が酷似している。本研究におけるWTPは二段階二肢選択法を用いたものではないものの，得られた値を考慮すれば，その値の妥当性は十分高いものと思われる。

　以上の成果を踏まえると，自殺死亡リスクの低減に対する税金投入への理解を求めようと考えた場合，「予防可能性」や「自殺の一般性」を高め，「自殺の正当化」を低減するような知識を提供することで，その目的が達成される可能性がある。自殺の生起やメカニズムを完全に説明することは現時点では難しいが，自殺に関する疫学的研究や自殺対策の効果に関する研究は多数存在するため，こうした知識を供与することは可能である。自殺に関する特定の知識の提供が自殺死亡リスクの低減へのWTPにどのような影響を与えるのかを検討すれば，自殺に関する態度とWTPの間の関連もより明確になっていくと考えら

れる。

本研究の問題点

　本研究には以下の4点の問題がある。第一に，本研究の対象はインターネット調査会社の登録モニターのみであり，結果の一般化可能性は限定されたものである。より広範なサンプルを対象とした追加調査の実施が望まれる。第二に，ATTSの妥当性および信頼性の問題がある。本研究では自殺に関する態度を測定するために，現時点で日本語で利用可能な最も広範な内容を含む尺度であるATTSを利用した。日本語版を作成した論文の算出した因子の内的一貫性が十分でないことから（Kodaka, 2013a, 2013b），再度本研究でも因子分析を行ったが，原論文と類似した因子が得られたとは言い難い。また，内的一貫性の値も十分に高いと言うことはできないものであった。本研究では自殺に関する態度がWTPと関連していることが示唆されたが，この傾向をより詳細に検討するためには，妥当性・信頼性の整った自殺に関する態度を測定するための日本語版尺度の作成が必要だと考えられる。

今後の展望

　以上のようないくつかの限界は有するものの，本研究は，CVMを用いた自殺死亡リスクの低減へのWTPと自殺に関する態度との関連を初めて検討した点で大きな意義がある。今後は，縦断調査や実験的な介入の実施をすることにより，より詳細に自殺死亡リスクの低減へのWTP／VSLを低める要因について明らかにすることが可能となる。なぜならば，本研究では自殺死亡リスクの低減へのWTPと自殺に関する態度との関連が示唆されたが，この関連は因果関係を示したものではないからである。つまり，特定の自殺に関する態度を有することが原因で自殺死亡リスクの低減に税金を投入することに反対するようになるのか，あるいはそもそも税金を投入したくないがためにそれを合理化するような特定の自殺に関する態度を強めるのか，そのどちらなのか因果関係の方向性が明らかになっていないということである。この点を検討するためには縦断調査や実験的な介入を行うことが必要となる。WTPと自殺に関する態度の因果の方向性をより詳細に明らかにすることは，自殺死亡リスクの低減への

資金投入へ理解を求める方法を明確化していくことにつながると考えられる。つまり、効果的な啓発活動を実施するための素地の生成につながるということである。

　一方で、自殺対策全体の評価をCVMを用いたWTPの推定およびVSLの算出によって行うことには問題があるため、その他の方法でこれを行えるようにしていくことも重要である。本研究は、調査協力者自身の自殺による死亡リスクの低減に対するWTPを質問しているが、それとは異なり、実際の日本における自殺対策は自殺対策への理解求めるための普及啓発事業をその柱の一つとしている。本研究で示したように「予防可能性」を高めるような知識の提供がWTPの上昇につながるとすれば、普及啓発をすればVSLが高まるため、その事業自体が民意にかなったものと評価される可能性が高まってしまう。また、WTPの推定のためのCVMは調査対象者自身の自殺リスクの減少等の比較的認知しやすい問題を扱うことは可能であるものの、自殺対策の持つ複合的波及効果（例：自殺対策のために精神科医療の充実を図れば自殺とは関係のない精神障害患者のQOLが上がる、飛び降り自殺対策のためにフェンスを設けることにより景観が損なわれ観光客が減る）を評価することは難しい。以上の理由から、自殺対策全体を評価するためには、より多様な観点から自殺対策を評価する方法を開発することが必要となると考えられる。

第11章
自殺予防への支払意思額は変えられるか？

> **本章のまとめ**
> 　大学における自殺に関する講義が自殺予防への支払意思額に与える影響について検討した。
> 　自殺や自殺予防に関する知識の普及・啓発が自殺対策に対する支払意思額を増加させる可能性があることが示唆された。
> 　一定程度以上の経済力のある家庭（世帯年収400万円以上）の大学生におけるWTPの増加（教育による変化）が顕著であった。
> 　ただし，本章の研究は準実験デザインによる検討であるため，因果関係の推論には一定の限界を有する。

11-1．どうすれば自殺予防への支払意思額を変えられるのか？

　前章で確認したように，自殺予防への支払意思額は，自殺に対する個々人の持つ考え方や信念と関連していた。具体的には，自殺は誰にでも起こり（もちろん，自分自身にも），予防できるものであると考えている人は自殺予防への支払意思額が多く，自殺が起こることに理解を示し，自殺を防ぐことが人々の権利の侵害だと考える傾向を有している人の支払意思額は低かった。もちろん，前章の結果は，因果関係を示したものではない。つまり，自殺が予防できるものだと考えているから支払意思額が高くなるのか，そもそも支払意思額が高い

からそれを正当化するために自殺は予防できると答えたのか，それは明確ではない。とはいえ，前者の方が正しいと仮定するならば，自殺への考え方を変えるような介入によって，自殺予防への支払意思額も高めることが（もちろん，低めることも）できることになる。

　研究の目的が個人的なものとなり過ぎているきらいもあるため，自殺対策への支払意思額へ介入することについての社会的正当性に触れておきたい。そもそも，日本における自殺対策の実施において予算措置は重要な課題である。2016年に追加された改正自殺対策基本法第十四条は，都道府県及び市町村に対する交付金の交付に関する条文であり，この条文は，国が地方公共団体の実施する自殺対策に対して厚生労働省の予算の範囲内での交付金を交付することができる旨を記している。これにともない，2016年度からは厚生労働省の当初予算に地域自殺対策強化交付金25億円が計上されることとなった（厚生労働省，2016）。2010年度からスタートした内閣府の地域自殺対策緊急強化基金が補正予算でその都度計上されていたことに比較すれば，各地域における自殺対策の財源の安定化に向けて大きな前進が見られたと言うことができる。第9章でも確認したが，自殺対策の実施は公的資金に頼るところの大きいものであり，この性質を考慮すれば自殺対策の安定的実施には，自殺対策の実施そのものに対する国民全体の理解の促進が必要であると言うことができる。自殺予防への支払意思額を高める方法を明らかにすることは，すなわち，自殺対策への支持を集めるための効果的な啓発活動の方法を開発することである。つまり，このような研究は，自殺対策基本法の理念にそったものであり，自殺対策を推進していく上でも重要な検討事項であると言うことができる（そもそも，これまで多様な形式で実施されてきた啓発活動の効果について「まともに」検討されずにきたことそのものが大きな問題であるが）。

　それでは，どうすれば自殺対策の実施に対する支払意思額を高めることができるのであろうか。前章の調査の結果を踏まえれば，自殺は誰にでも起こり（もちろん，自分自身にも），予防できるものであると思うことができるような内容を含んだ講義を受講すれば，自殺予防への支払意思額が高くなると予想される。そこで本研究では，筆者の所属する大学での講義を活用して，自殺や自殺対策に関する知識の普及・啓発活動が自殺対策に対する支払意思額に与える影

響について検討した。

11-2．方　法

実験デザイン

　本研究は筆者が所属大学で担当する講義「自殺学」の講義受講者（介入群）のWTPの変化量と，インターネット調査で一般大学生（比較対照群）に対して同時期に行った調査におけるWTPの変化量を比較することによって自殺学の講義の影響を検討した準実験研究である。

　実験デザインの概要をまとめたものが図11-1である。介入群は，筆者が所属大学で担当する講義「自殺学」の受講者に対し，授業オリエンテーション（4月2週）の翌週の講義開始時（2016年4月3週, T1）に自殺対策へのWTPを調査するための質問紙調査を行った。その後，8回の講義を行った後の2016年6月2週（T2）の講義終了後，再度自殺対策に対するWTPの質問を行った。調査時には，調査への協力は任意であること，匿名性が保たれた状態でデータが分析され結果が公表されること，調査に協力しないことにより不利益（単位認定等への影響）が発生しないことを説明した。また，介入群における2回の調査と同じ週に一般大学生へのインターネット縦断調査を行い，これを比較対照群とした。調査は大手インターネット調査会社への登録モニターの大学生を対象に行い，調査内容は介入群と同一であった。T1での調査では200名分のデータを取得し，200名の中に筆者の所属大学に通う大学生がいないことを確認した上で，T2での調査を全員に対して行った。

介入内容

　自殺学の講義内容をまとめたものが表11-1であり，講義は全部で8回であった。授業の教科書として末木（2013b）を用いた。「自殺の現状Ⅰ・Ⅱ」と「自殺と自傷」の回は，自殺が必ずしも特異な現象ではないことを伝えることをその目的とした。「自殺の生起過程」および「自殺と精神障害」の回は，自殺の危険因子やその相互作用等について説明することを通じて，自殺が予測可能であることを伝えることをその目的とした。「自殺への危機介入」と「自

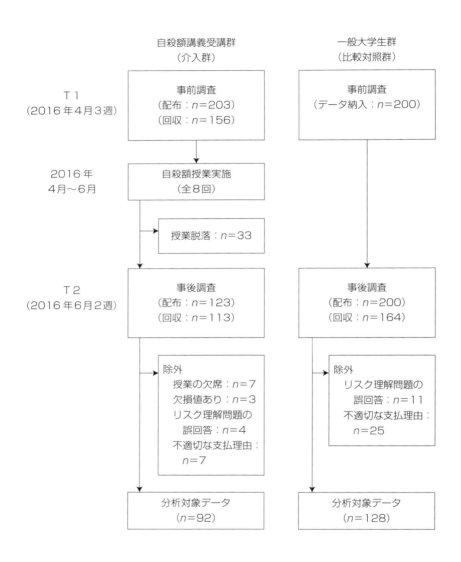

図11-1　研究デザイン

殺対策Ⅰ・Ⅱ」では，実際の危機介入の様子を視聴させること，自殺対策の効果のエビデンスへの理解を深めることを通じて，自殺が予防可能であることを伝えることをその目的とした。

1回の講義時間は所属大学の規定により90分とした。90分のうち，授業開始後の約20分は前回の講義の振り返りと受講者からの質問への回答を行った。その後，本日のテーマを説明し，テーマに基づく問題（本日の問題）を提示した。問題への回答時間は約5分であった。受講者全体の回答状況を確認したのち，約60分間テーマに沿った講義を行った。講義終了の5分前から，本日の問題への再回答および授業内容への質問・感想の記載を求めた。本日の問題および授業内容への質問・感想は毎回所定の回答用紙に書いて授業終了後に提出させた。なお，この提出物は成績評価と関連していることが授業オリエンテーションおよびシラバスで説明された。

表11-1　自殺学の講義内容

回数	講義タイトル	内容
1	自殺の現状Ⅰ	世界における自殺の現状について説明する。
2	自殺の現状Ⅱ	日本における自殺の現状について説明する。また，大学生の自殺についての事例および危険因子の説明を行う。
3	自殺の生起過程	自殺の危険因子について説明する。また，自殺の対人関係理論に基づき，自殺が生起するまでの過程について説明する。
4	自殺への危機介入	自殺の危険が高まっている人への心理的介入の方法について説明する。また，その具体的な様子について映像を視聴する。
5	自殺と精神障害	自殺の危険因子となる各種精神障害（うつ病，統合失調症，アルコール依存等）の概要とその治療について説明する。
6	自殺と自傷	自殺と自傷の類似点と相違点および自傷行為への対応方法について説明する。
7	自殺対策Ⅰ	自殺対策の歴史および自殺対策の効果の検証方法について説明する。
8	自殺対策Ⅱ	効果の認められている自殺対策の具体例について説明する。

調査項目

Ｔ1調査では，性別（男女），年齢，世帯年収（400万円未満，400万～600万円未満，600万円以上），過去の人生における自殺念慮・自殺の計画・自殺企図の有無，身近な他者の既遂自殺経験の有無，自殺対策へのWTPの額と支払動機についての回答を求めた。Ｔ2調査では，自殺対策へのWTPの額のみ

質問を行った．自殺対策へのWTPの額と支払動機については，第9章で作成された質問票（巻末付録1）を用いた．本研究では前章と同様，WTPの回答に自由回答方式を採用した．

組み入れ／除外基準

　介入群では，T2調査で回収した調査結果の中から，①授業の欠席が2回以下で，②欠損値がなく，③死亡リスクという考えに慣れるための質問に正解しており，④自殺死亡リスクの低減に対するWTPを評価していない回答を除いたすべてを分析対象とした．比較対照群では，事後調査で回収した回答の中から，①死亡リスクという考えに慣れるための質問に正解しており，②自殺死亡リスクの低減に対するWTPを評価していない回答を除いたすべてを分析対象とした．各条件によりいくつの回答が分析から除外されたかについては図11-1を参照されたい．

統計的分析

　まず，介入群と比較対照群のそれぞれについて調査項目の記述統計量を算出した．各調査項目について二群間に差が生じているか否かを検定した．量的変数については t 検定を，質的変数についてはカイ2乗検定を用いた．

　次に，自殺学の講義を受講したことの影響を検討するために，WTPの講義／調査前後での差（T2－T1）を従属変数，講義の受講の有無を独立変数とした t 検定を行った．さらに，WTPの変化量の標準偏差が大きかったこと，WTPの変化量の中央値が各群とも0円であったことを考慮し，調査前後でのWTP増加者の割合の差を検討した．具体的には，WTPの変化（減少・変化なし・増加）を従属変数，介入の有無を独立変数としたカイ2乗検定を行った．

　最後に，自殺学の講義の受講によるWTPの変化に影響を与える要因を検討するために，介入群のみのデータを対象に，性別，年齢，自殺関連行動（自殺念慮・自殺計画・自殺企図の各項目）の有無，他者の既遂自殺の有無，世帯年収（400万円未満，400〜600万円未満，600万円以上の3カテゴリに分類）を独立変数，WTPの変化（T2－T1）をカテゴリ化した変数（減少・変化なし・増加）を従属変数とした順序ロジスティック回帰分析を行った．なお，従属変

数をWTPの差分とし重回帰分析を行わなかった理由は外れ値の影響の強さを考慮したためである。すべての分析にはSPSS21.0J for windowsを用い，検定の有意水準は5％（両側検定）とした。

11-3．実験結果

実験参加者の概要と各項目の記述統計量

　介入群である自殺学講義受講群と比較対象群である一般大学生のサンプリングの過程は図11-1の通りである。介入群では92名，比較対照群では128名が最終的な分析対象となった。群ごとの調査項目の記述統計量をまとめたものが表11-2である。各調査項目について二群間に差があるかどうかを検討したところ，自殺念慮の経験の有無の割合のみ介入群（32.6％）の方が比較対照群（48.4％）より統計的に有意に低かった。その他の項目に差は見られなかった。

自殺学の講義の影響

　介入群における講義前のWTPの平均値は1,619円（標準偏差2706円），講義後のWTPの平均値は2,686円（標準偏差4072円）であり，講義前後でWTPは平均1,067円増加した。変化量の中央値は0円であった。比較対照群における講義前のWTPの平均値は1,687円（標準偏差2,579円），講義後のWTPの平均値は1,772円（標準偏差3,250円）であり，調査前後でWTPは平均85円増加した。変化量の中央値は0円であった。

　WTPの講義前後での差を従属変数，講義の受講の有無を独立変数としたt検定を行ったところ（表11-2），介入群の方が比較対照群に比べ統計的に有意に変化量が大きかった（$t(152.31) = 2.25, p = 0.026$）。調査前後でのWTP増加者の割合の差を検討するためにWTPの変化（減少・変化なし・増加）を従属変数，介入の有無を独立変数としたカイ2乗検定を行ったところ（表11-2），統計的に有意な関連が見られた（$\chi^2(2) = 19.81, p < 0.001$）。残差分析の結果，介入群は比較対照群に比べWTPの増加者の割合が多く，変化なしの割合が少なかった。

表11-2 自殺学受講生と一般大学生の比較

	自殺学受講生群 (介入群) ($n = 92$)		一般大学生群 (比較対照群) ($n = 128$)		検定	p
性別（女）；n（%）	40	(43.5)	57	(44.5)	カイ2乗	0.877
年齢；平均（標準偏差）	19.2	(1.2)	20.9	(1.3)	t検定	0.690
世帯収入；n（%）					カイ2乗	0.609
400万円未満	35	(38.0)	49	(38.2)		
400万〜600万円未満	37	(40.2)	42	(32.8)		
600万円以上	20	(21.7)	37	(28.9)		
自殺念慮；n（%）	**30**	**(32.6)**	**62**	**(48.4)**	**カイ2乗**	**0.019**
自殺計画；n（%）	10	(10.9)	25	(19.5)	カイ2乗	0.083
自殺企図；n（%）	6	(6.5)	18	(14.1)	カイ2乗	0.077
身近な他者の既遂自殺経験；n（%）	6	(6.5)	17	(13.3)	カイ2乗	0.106
事前WTP；円						
平均（標準偏差）	1,619	(2,706)	1,687	(2,579)	t検定	0.851
中央値	500		1,000			
事後WTP；円						
平均（標準偏差）	2,686	(4,072)	1,772	(3,250)	t検定	0.076
中央値	1,000		500			
WTP変化量（事後−事前）；円						
平均（標準偏差）	**1,067**	**(3,599)**	**85**	**(2,508)**	**t検定**	**0.026**
中央値	0		0			
WTP変化量（事後−事前）；n（%, AR）					**カイ2乗**	**<0.001**
減少	16	(17.4, -1.5)	33	(25.8, 1.5)		
変化なし	33	(35.9, -2.9)	71	(55.5, 2.9)		
増加	43	(46.7, 4.4)	24	(18.8, -4.4)		

WTP: Willingness to pay（支払意思額）
AR: Adjusted Residual（調整済残差）
太字は $p<0.05$

自殺学の講義の効果に影響を与える要因

性別，年齢，自殺関連行動の有無，他者の既遂自殺の有無，世帯年収を独立変数，WTPの変化をカテゴリ化した変数を従属変数とした順序ロジスティック回帰分析を行った（表11-3）。その結果，世帯年収400〜600万円未満および世帯年収600万円以上であることとWTPの増加の間に統計的に有意な関連が見られた。

11-4．考　察

本研究の結果，自殺や自殺予防に関する知識の普及・啓発が自殺対策に対する支払意思額を増加させる可能性があることが示唆された。WTPの変化量は

表11-3 自殺予防への支払意思額の変化に影響を与える要因

	β	95%信頼区間		Wald	p
		下限	上限		
性別	0.59	−0.31	1.49	1.63	0.201
年齢	−0.16	−0.54	0.22	0.69	0.407
世帯年収400万〜600万円未満	**1.20**	**0.22**	**2.18**	**5.70**	**0.017**
世帯年収600万円以上	**1.25**	**0.10**	**2.40**	**4.54**	**0.033**
自殺念慮	0.42	−0.63	1.46	0.62	0.433
自殺計画	1.90	−0.13	3.93	3.35	0.067
自殺企図	−1.42	−3.64	0.80	1.57	0.210
身近な他者の既遂自殺経験	1.67	−0.62	3.95	2.05	0.152

太字は $p < 0.05$

介入群・比較対照群ともに標準偏差が大きく，変化量の中央値は0であった。そのため，一部の「自殺学」受講生が大きく自殺対策へのWTPを増加させたことが検定における有意差の検出につながったと考えられる。WTPの変化量のカテゴリと受講の有無の関連を検討したカイ2乗検定でも，介入群ではWTPが増加した者が有意に多く，その割合は受講生の46.7%であった。以上の結果を総合的に勘案すれば，自殺学の授業を受講したことが自殺対策へのWTPを増加させることにつながると結論づけることは妥当である。

なお，本研究における自殺対策へのWTPおよびVSLの推定値の信頼性は十分に高いものと言うことができる。なぜならば，自殺予防へのWTPおよびVSLの値は第9章や10章の結果と酷似したものだからである。具体的には，本研究では，二群の二時点の調査におけるWTPの中央値はいずれも500〜1,000円であり，VSLは1,250〜2,500万円である。20代以上のインターネット利用者に対する調査（第9章）でも，VSLの95%信頼区間は2,716万円から3,672万円であり，その他の死亡形式を対象としたVSLの値から比較すると，本研究の結果は先行研究と概ね一致している。

また，WTPの変化量を従属変数，受講生の諸属性を独立変数とした順序ロジスティック回帰分析では，世帯年収400万〜600万円未満のダミー変数と世帯年収600万円以上のダミー変数がWTPの変化量の増加と関連していた。つまり，一定程度以上の経済力のある家庭の大学生におけるWTPの増加が顕著であったということである。WTPと世帯年収が相関を持つことは第10章でも明らかになっていることであり，日本における他のCVM研究でも類似の結果

が見られる（Yasunaga, 2008, 2009; Yasunaga et al., 2006）。また，論理的に考えても妥当なものである。この関連は，本研究の結果の妥当性を高める結果だと言うことができる。

　また，自殺の計画をたてたことがあることとWTPの増加の関連にも統計的に有意な傾向（$p = 0.067$）が確認された。このことから，自殺という現象が身近に感じられることが，自殺対策へのWTPの変化を高める可能性があると言うことができる。ただし，前章までの結果を勘案すると，自殺予防へのWTPと自殺関連行動の経験・身近な他者の自殺の経験との間には一貫した関係が見られていない。例えば，身近な者が自殺で亡くなった場合，だからこそ自殺を防ぐ必要があると思うこともあれば，合理化が働き，自殺は防ぐ必要がないものだと思うこともあるだろう。つまり，自殺が身近に感じられた場合に，それが自殺対策への態度にどのように反映されるかには別の変数の影響が関係している可能性が高いということである。この問題については，今後の検討が必要である。

本研究の問題

　本研究には以下の五つの限界がある。第一に，実験デザインの問題が挙げられる。本研究における介入群は筆者の授業を希望して受講した者であり，比較対照群はインターネット調査で募集した。そのため，二群の割り当てが無作為割当になっておらず，ここにバイアスが存在する可能性がある。特に，比較対象群は介入群に比べ，自殺念慮や自殺関連行動歴を有する者の割合が高く，これが交絡因子となっている可能性は除去し切れていない。今後は，無作為化比較試験等のより厳密なデザインによる研究が求められる。第二に，一般化可能性の問題が挙げられる。本研究の対象者は大学生であるが，学歴は自殺対策への支払意思額と関連があることが第10章の調査において明らかになっている。そのため，本研究の結果を最終学歴が中学・高校卒の者にまで一般化することができるかどうかは不明である。第三に，本研究では自殺に関する態度の測定をしていないため，自殺や自殺予防に関する知識の供与が自殺に関する態度を変え，結果として自殺対策に対する支払意思額が変化したかどうかについては明確になっていない。この問題は，自殺に関する態度を測定するための妥当性・

信頼性の十分に確認された尺度の開発が進んでいないことと関係している。今後は，自殺や自殺対策に関する態度について測定するための妥当性・信頼性のある尺度の開発が望まれる。第四に，実験者効果の問題である。本研究では，講義内容が自殺対策に関する支払意思額を変えたのか，あるいは実験者（筆者）の期待が受講者の態度を変えたのかについて明確に分離した上でその影響を検討することはできていない。今後は，大学における講義のような実験者の影響が強く働く状況ではなく，本やウェブ動画といったコンテンツによる学習の効果を検討することで，この課題を解消することが可能であると考えられる。第五に，介入群の脱落率の高さの問題である。大学における講義の一環として介入を行い，成績評価とも関係がない調査であるため，T１における調査協力率は約76％であった。さらに，授業からの脱落も多数おり（脱落率：約21％），最終分析対象者数はT１時点の調査票配布数の半数以下にとどまった。そのため，本研究における介入群の変化は，講義内容に持続的な関心を有することができたもののみに発生するものである可能性がある。

今後の展望

　以上のようないくつかの限界は有するものの，本研究は，CVMを用いた自殺対策への支払意思額へ介入を行い，変化を検討した初めての研究として大きな意義を有する。今後は，より詳細に自殺対策へのWTP／VSLを変化せしめる要因について明らかにすることが重要になると考えらえる。なぜならば，本研究では表11-1のように90分の講義を8回行ったが，この講義内容のどの要素が自殺対策へのWTPを高めることにつながったのかは明かになっていないからである。自殺対策への公的資金の継続的・安定的使用のために国民全体への自殺対策への理解を促そうと考えた場合，本研究のように長期間にわたって講義を受けてもらうといったことを実施するのは不可能である。より短期的な介入で自殺対策へのWTPを増加させる介入方法を開発するためには，講義の中のどの要素が自殺対策へのWTPを高めたのかを検討する必要がある。

　また，自殺対策へのWTPを測定する他の方法を開発し，複合的な視点から自殺対策へのWTPを評価することも重要な課題である。現在，筆者の知る限り自殺対策へのWTPの測定にはCVMを用い，回答者自身の自殺リスクの減少

に対する値付けをする方法しか存在しない。しかし，実際の自殺対策は複合的なものであり，自身の自殺リスクの減少のみに対して値付けをする方法は現実の自殺対策への選好を評価する上で十分実用的とは言い難い。この問題を解決する一つの方法としては，コンジョイント分析を用いて，複合的な自殺対策を要素に分解しながら，それぞれの要素への回答者の選好を検討するといったことが考えられる。このような新しい自殺対策への選好の評価方法の開発は，自殺対策の適切で継続的な実施につながっていくものと考えられる。

第12章
自殺対策への税金投入に強固に反対しているのは誰か？

> 本章のまとめ
> 　自殺対策を不必要だと考えている者の特徴について探索的な検討を行った（方法は第10章の調査の二次解析）。
> 　男性・未婚・低学歴・無職であることは自殺対策不要論者であることと，親しい者の自殺の経験があることは自殺対策不要論者でないここと統計的に有意に関連していた。
> 　自殺対策に関する啓発活動のターゲットは自殺のリスク・ファクターとなるデモグラフィック属性を有している可能性が高いことが示唆された。

12-1. 啓発活動のターゲットは誰なのか？

　本章は第3部の最終章である。ここまで，自殺対策とその財政基盤について検討してきた第2章では，①自殺対策への投資に対し，人々は他の形式の死亡対策に比して非常に慎重な姿勢を有すること，②その慎重な姿勢は自殺に対するある種の考え方と関連していること，③それ故に，自殺や自殺予防方法に関する知識を増やすことで自殺対策への支払意思額を変えることができることを明らかにしてきた。自殺とお金シリーズの最終章である本章では，それでは誰がこのような啓発のターゲットか？という問題を扱う。
　現在のところ，自殺対策の実施について，どのような者が特に強い否定的な意識を有しているのかは明らかになっていない。比較的近い研究として，自殺

予防に関する態度を測定する尺度に関する調査研究は存在するが（川島ら，2013），これは医療従事者の自殺予防に対する態度に関する研究であり，一般の人々の自殺予防に関する態度を測定するものではない。自殺対策の実施に否定的な意識を有している者の特徴が明確になれば，効率的に自殺対策の実施に関する啓発活動を行うことが可能になるはずである。

そこで本研究では，自殺対策の実施に対するWTPが低い者の中でも，自殺対策を不必要だと考えている者の特徴について，探索的な検討を行った。これは，自殺対策は必要であるが収入との関係でこれ以上の増税や寄付は難しいと考える者の特徴を明らかにして啓発するよりも，自殺対策は不要であるが故に支払をしたくないと考える者に啓発を行う方が，WTPの増加が見込まれると予想されるからである。

12-2. 方　法

調査手続き

本章の分析は，第10章の調査の二次分析である。2015年に日本における大手インターネット調査会社を通じて，インターネット調査を行った。調査対象者は当該調査会社にモニター登録をしていた20歳以上の者であった。質問紙は38,345人に配信された。配信対象者（$n = 127,506$）は日本における最新の国勢調査における性別・年齢・居住地域および予想回収率を考慮して決定された。質問紙を回答するウェブサイトにアクセスした者は28,836人，回答を完了した者は2,855人であった。2,855人の調査結果の中から，死亡リスクという考えに慣れるための質問（調査項目の項を参照）に正解している回答すべてを分析対象とした。

調査項目

第10章と同様である。

統計的分析

本研究では，WTPの支払動機に関する質問で「⑥自殺対策は必要ないから」

を選んだ調査協力者を自殺対策不要論者と定義し，その特徴を以下の手続きで検討した。まず，自殺対策不要論者とその他の調査協力者について，各調査項目の記述統計量を算出した。各調査項目について二群間に差が生じているか否かを検定した。量的変数については t 検定を，質的変数についてはカイ2乗検定を用いた。カイ2乗検定で統計的に有意な関連が見られた場合には，残差分析を行った。次に，どの要因が自殺対策不要論者であるか否かと関連が強いかを検討するために，自殺対策不要論者か否かを従属変数，各調査項目を独立変数としたロジスティック回帰分析（変数増加法，尤度比）を行った。分析に際し，婚姻状況は既婚，未婚，死別，離別に分類した。就業状況は無職か否か，学歴は大学卒業以上と大学卒業未満，世帯年収は400万円未満と400～600万円未満と600万円以上に分類して利用した。すべての分析にはSPSS21.0J for windows（SPSS Inc., Chicago, IL）を用い，検定の有意水準は5％（両側検定）とした。

12-3．結　果

　最終的な分析対象者は2,530名であった。WTPの支払動機に関する質問について，①自殺対策を実施することが重要だと思うからが217名（8.6%），②この金額で自殺対策を実施できるのなら，支払ってもかまわないと思うからが783名（30.9%），③自殺対策の実施に関わらず，人の役に立つことにお金を払うことはいいことだからが111名（4.4%），④自殺対策を実施することは重要だが，そこまでの金額は出せないからが479名（18.9%），⑤自殺対策を実施することは重要だが，増税という方法に反対だからが648名（25.6%），⑥自殺対策は必要ないからが214名（8.5%）であった。自殺対策不要論者とその他の調査協力者の各項目の記述統計量は表12-1の通りである。二群間の比較の結果，性別，婚姻状況，子どもの有無，就業状況，学歴，親しい者の自殺の経験の有無の割合には統計的に有意な関連が見られた。自殺対策不要論者では，男性，未婚，子どもなし，無職，大学卒業未満の者が統計的に有意に多く，既婚で親しい者の自殺の経験のある者が統計的に有意に少なかった。

表12-1 各調査項目に関する記述統計量と二群間の比較

	全体 (n = 2530)		自殺対策不要論者 (n = 214)		その他 (n = 2316)		検定	p
デモグラフィック項目								
性別（男）；n（%）	1326	(52.4)	133	(62.1)	1193	(51.5)	カイ2乗	0.003
年齢；mean（SD）	47.5	(14.1)	46.0	(14.5)	47.7	(14.1)	t検定	0.100
婚姻状況；n（%，AR）							カイ2乗	0.012
既婚	1441	(57.0)	102	(47.7, -2.9)	1339	(57.8, 2.9)		
死別	55	(2.2)	4	(1.9, -0.3)	51	(2.2, 0.3)		
離別	192	(7.6)	15	(7.0, -0.3)	177	(7.6, 0.3)		
未婚	842	(33.3)	93	(43.5, 3.3)	749	(32.3, -3.3)		
子どもの有無；n（%）	1351	(53.4)	93	(43.5)	1258	(54.3)	カイ2乗	0.002
就業状況（無職）；n（%）	423	(16.7)	50	(23.4)	373	(16.1)	カイ2乗	0.006
学歴 （大学卒業未満）；n（%）	1197	(47.3)	115	(53.7)	1082	(46.7)	カイ2乗	0.049
世帯年収							カイ2乗	0.867
400万円未満	1048	(41.4)	90	(42.1)	958	(41.4)		
400〜600万円未満	605	(23.9)	48	(22.2)	557	(24.1)		
600万円以上	801	(34.6)	76	(35.5)	801	(34.6)		
自殺に関する経験；n（%）								
過去の自殺念慮	1014	(40.1)	83	(38.8)	931	(40.2)	カイ2乗	0.686
過去の自殺の計画	390	(15.4)	41	(19.2)	349	(15.1)	カイ2乗	0.113
過去の自殺企図	244	(9.6)	22	(10.3)	222	(9.6)	カイ2乗	0.742
親しい者の自殺の経験	758	(30.0)	49	(22.9)	709	(30.6)	カイ2乗	0.018

SD: Standard Deviation, 標準偏差
AR: Adjusted Residual, 調整済残差

次に，自殺対策不要論者か否かを従属変数，各調査項目を独立変数としたロジスティック回帰分析（変数増加法，尤度比）を行った。その結果，男性（Odds Ratio，以下OR = 1.60, 95％信頼区間：1.219-2.16, p = 0.002）・未婚（OR = 1.42, 95％信頼区間：1.07-1.89, p = 0.016）・大学卒業未満（OR = 1.49, 95％信頼区間：1.12-1.99, p = 0.006）・無職（OR = 1.49, 95％信頼区間：1.07-2.09, p = 0.020）であることは自殺対策不要論者であることと，親しい者の自殺の経験（OR = 0.69, 95％信頼区間：0.49-0.96, p = 0.028）があるは自殺対策不要論者でないここと統計的に有意に関連していた。なお，モデル適合度を調べるHosmer-Lemeshow検定の結果，最終分析モデルは十分な適合度を示していた（$\chi^2(8)$ = 7.04, p = 0.532）。

12-4. 考　察

　本研究の結果から，男性・未婚・大学卒業未満・無職であることは自殺対策を不要であると考える傾向と関連することが示唆された。一方で，自殺によって親しい者を亡くした経験のあるものは，WTPの回答理由として自殺対策は不要という理由を選択していなかった。

　男性・未婚・低学歴・無職という状態は，いずれも自殺のリスク・ファクターとなるデモグラフィック項目である（Kimura et al., 2016; 厚生労働省, 2016）。つまり，自殺のリスク・ファクターとなるデモグラフィック属性を有する者が自殺対策を不要なものだと考えているということである。この現象が生じる理由は，社会心理学における認知的不協和理論（人には認知的な不協和を解消する≒認知的一貫性を追求する傾向が備わっている）（Festinger, 1957）で説明が可能である。自殺対策を不要であると考える者が自殺念慮を抱く等の自殺の危機に陥った場合，他者に助けを求めることは困難であろう。なぜならば，自身が危機に陥り他者に助けを求め支援を受けることは，自殺対策は不要であるという認知と一貫せず，不協和を引き起こすためである。このため，自殺対策を不要と考える者のデモグラフィック属性が自殺のリスク・ファクターのそれと同一になると推察される。

　自殺によって親しい者を亡くした経験のあるものは，WTPの回答理由として自殺対策は不要という理由を選択していないという現象も死別や悲嘆に関する先行研究の知見と一致するものである。死別によって生じる悲嘆反応に関する理論の一つである意味再構成理論では（川島, 2008; Neimeyer et al., 2002），死別による苦痛を軽減するために人が自己や世界を理解するための枠組み（意味）を再構成するために，意味了解・有益性の発見・アイデンティティの変化といった活動に従事する。意味再構成理論は自殺による死別のみを扱ったものではないが，特に自殺による親しい人との死別においては，故人の死に対する有益性の発見の一環として遺族が自殺予防活動に従事する事例が見られる（末木, 2010）。このような傾向が，本研究において自殺によって親しい者を亡くした経験のあるものはWTPの回答理由として自殺対策は不要という理由を選

択していないという現象が見られた背景にあると考えられる。

本研究の問題点

　本研究には以下の二点の限界がある。第一に，一般化可能性の問題である。本研究は，インターネット調査会社のモニターに対する自記式質問紙調査である。インターネット調査には一般的に見られる傾向であるが，本研究の回答率は低い。そのため，特に自殺の問題に関心の高いインターネット利用頻度の高い者が多く含まれている可能性がある。第二に，本研究では自殺対策に対する態度を測定するための妥当性・信頼性の高い尺度を用いた検討を行うことはできておらず，自殺対策に対する態度はWTPへの回答理由の一項目を用いている。今後は，自殺および自殺対策に関する日本語で利用可能な妥当性・信頼性の高い尺度を用いた検討が必要である。現在これらに関する日本語で利用可能な尺度は，Questionnaire on Attitudes towards Suicide日本語版（Kodaka et al., 2013a）と日本語版Attitudes to Suicide Prevention Scale（川島ら, 2013）があるがこれらの尺度の問題点は前章までに述べた通りである。今後は，一般人を対象として自殺および自殺対策に関する態度を測定する日本語で利用可能な妥当性・信頼性の高い尺度を開発することで，本研究で探索的に確認された「自殺のリスク・ファクターとなるデモグラフィック属性を有する者が自殺対策を不要なものだと考えている」という仮説の確からしさを向上させることができると考えられる。

今後の展望

　以上のようないくつかの限界は有するものの，本研究では自殺対策に関する啓発活動のターゲットを明確化することができた。今後は，このような，自殺対策を不要だと考える人々に対して集中的に教育や啓発などの介入を行った上で，WTPやVSLを効率的に変化させる方法を開発することが課題となる。前章における教育内容を本研究で明らかになったターゲットの特徴を加味した上で改変し，具体的な介入メニューを作成し，効果を検証していくことは自殺対策の実施そのものに関する啓発のみならず自殺対策そのもの（国民の自殺死亡リスクの削減）の推進につながると考えられる。

第4部
自殺対策の未来

第13章
自殺対策の課題

> **本章のまとめ**
> 自殺対策に関する研究(自殺の発生予測と,危機にあるものへのケア)の現時点での到達点を確認した。
> そこから考えられる今後の課題として,自殺の発生に関する予測精度の向上と自殺対策に関する精神医学的な言説のオルタナティブの生成の問題を取り上げ,その解決方法を提示した。
> そもそも自殺は予防すべきものなのか?という問いについて取り上げ,その問いを解消することの必要性について述べた。

13-1. はじめに

 ここまで,「インターネットは自殺を防げるか?」以後に私の中に起こった変遷を軸に,新しい自殺対策のあり方を模索した研究を紹介してきた。その中で,匿名性の強いインターネット・コミュニティを活用した自殺予防は現時点では難しいこと,ウェブ検索を自殺ハイリスク者のスクリーニングとして用いたゲートキーパー活動によって自殺予防的効果が得られるかもしれないことを述べてきた。また,こうした自殺予防活動を継続的に進める上で避けては通れない財政に関する問題,特に人々の自殺対策に対する意識の特徴とその変容方

法について述べてきた。

　ただし，これらは自殺対策のごく一部にすぎない。自殺対策は，自殺の生起に関する正確な予測と，自殺が生じる可能性が高いと予測された人に対する適切なケアの効果の検証の繰り返しの中で進展していくものである。そのため，将来の自殺対策のあるべき姿を考えるためには，上記の二点についての現時点の到達点を確認する必要がある。その上で，未来の自殺対策において何が課題となっており，それがどのように克服される可能性があるのか，筆者の私見を述べる。

13-2. 自殺に関する研究の今

自殺の予測

　自殺および自殺予防に関する研究の中で最も関心を集める点は，自殺の予測である。自殺の予測に関する説明モデルについては勝又（2015a）の論考が詳しいレビューを行っている。勝又（2015a）によれば，数多の自殺に関する説明理論の中で，将来の自殺関連行動を予測するエビデンス（Brown et al., 2000; Kuo et al., 2004; Christensen et al., 2013; Joiner Jr. et al., 2009）を有するものはBeck（1986）の絶望感理論（Hopelessness theory）とJoiner（2005）の自殺の対人関係理論（Interpersonal theory of suicide）の二つである。絶望感理論は，ネガティブな事象を安定的／統制不可能とする原因帰属傾向が自殺を引き起こす脆弱性となるというものである。自殺の対人関係理論は本書の冒頭で詳細に説明をしたが，所属感の減弱，負担感の知覚，身についた自殺の潜在能力という三つの要素が高まった際に自殺が生じるとするものである。

　自殺の対人関係理論に絶望感理論の要素を組み込んだ発展モデルとして，van Orden et al.（2010）の説明モデルが存在する。このモデルでは，所属感の減弱および負担感の知覚を悪化させる要因として絶望感という認知的傾向を想定しており，この二つが悪化することで自殺念慮が発生し，自殺念慮が発生した状態で身についた自殺の潜在能力が十分高ければ致死的な自殺企図が生じると考える。このような説明モデルは，自殺の予測に際して臨床的に満足な状態とは言い難いが，精神疾患やデモグラフィック要因などの自殺のリスク・ファ

クターを集めた場合よりも予測力が高いことも事実である（Christensen et al., 2013）。この領域の研究の今後は，自殺の対人関係理論の精緻化という過程を中心として展開していくと予想される。

自殺の予防

　自殺の予防方法について世界保健機関は特に重要な事項として，自殺手段へのアクセス制限とヘルスケアへのアクセスの促進，ゲートキーパー活動，精神障害（特に，物質使用障害）のアセスメントとマネジメントを挙げている（World Health Organization, 2014）。なお，精神障害のアセスメントとマネジメントは自殺に関するテーマではあるものの非常に広大な内容を含むため，以下では言及を割愛する。

　自殺手段へのアクセス制限については認知的アクセス制限（例：自殺方法を記載したウェブサイトの検索結果の順位を下げる）と物理的アクセス制限（例：駅にホームドアを設置する）がある。物理的な自殺方法へのアクセス制限が自殺の危険性を低減することは，様々な方法で確認されている（Law et al., 2009; Hawton, 2002; Gunnell et al., 2007; Yip et al., 2010; Ludwig et al., 2000; Chapman et al., 2006）。認知的アクセス制限に関する代表的な研究は，ウェルテル効果（Phillips, 1974）に関するものである。マスメディアによって自殺報道がセンセーショナルになされるとその後の自殺者数が増加する現象はウェルテル効果として知られており（レビューは，坂本ら（2006）参照），マスメディアが適切な自殺報道を行うことでこのような現象を抑えることができるというデータも存在する（Etzersdorfer et al., 1992）。日本でも2008年に硫化水素自殺がインターネットおよびテレビ報道によって爆発的に増加した現象は記憶に新しい。このように，自殺方法が詳細に伝えられること（モデリング）や自殺が肯定的に報道されること（代理強化）がウェルテル効果を高めることを考慮すると，ウェルテル効果の発生メカニズムは社会的学習理論（Bandura, 1977）によって説明することが可能だと考えられる。近年ではこのようなメディアの持つ影響を利用して自殺予防を行うため，自殺に関する報道記事にヘルスケアへのアクセスを促進する効果を持たせるための記事構成方法に関する心理学的実験が行われている（坂本ら，2008, 2013）。より適切な自殺報道の方法が明ら

かになり，それを社会的に浸透させることができれば，マスメディアは自殺予防のための大きな力を発揮すると考えられる。

次に，ゲートキーパー活動とヘルスケアへのアクセスの促進についてである。ゲートキーパー活動とは，自殺ハイリスク者が多数含まれるコミュニティ内で，キーパーソンに対する自殺予防教育を行い，適切なヘルスケアへのアクセスを促進する活動のことであり，準実験レベルの自殺予防効果のエビデンスを有している（Isaac et al., 2009）。これらに関連する実践として，日本では，新潟県旧松之山町（現十日町市）で行われた活動が有名である（高橋ら，1998）。この活動では，高齢者が多く自殺率が高い地域においてうつ病のスクリーニングを行い，陽性者へのフォローアップを行った。同時に，住民への啓発（援助希求行動の喚起）や高齢者間の交流の促進を行うことで，自殺のリスク・ファクターである所属感の減弱を低減している。類似の活動は，例えば青森県旧名川町（現南部町）などでも実施され，うつ病の早期発見・早期受診を軸としながら，地域住民の援助希求行動や自殺への態度に関する基礎調査や（Sakamoto et al., 2004），啓発・介入が行われた（Sakamoto et al., 2014）。しかし，自殺に関する問題を有した場合の援助希求行動への啓発・介入の効果的な方法については十分に解明されていない（自殺と援助希求に関するレビューは末木（2017）参照）。近年の自殺対策の実施状況を見ても（Ono et al., 2013；自殺対策検証評価会議，2013），このような自殺対策のパッケージは地方部では適用しやすいものの都市部では適用がしにくく，都市部の自殺対策は地方部に比べ進展していない。都市部におけるヘルスケアへのアクセスの促進，スティグマの低減，援助希求行動の促進（を通じたソーシャル・サポートの充実）方法の開発は重要な課題である。

以下では，現時点での研究の状況をもとに，今後の自殺対策の推進にともなう課題について考察する。

13-3．自殺に関する研究の課題

自殺の発生に関する予測精度の向上

一つ目の課題は，自殺の発生に関する予測精度をいかに高めることができる

かという問題である。現時点で最も頑健な自殺生起に関する理論である自殺の対人関係理論（Joiner, 2005）においても，将来の自殺行動の分散説明率は30％程度である（Christensen et al., 2013）という指摘があるように，自殺の生起を十分な精度で予測する理論モデルは存在しないため，これを構築することは重要な課題である。短期的に考えた場合，この課題を解消する近道は，現在使われている研究デザインの改善にあると思われる。

　これまでに利用されてきた自殺の危険因子を同定する研究の研究デザインには多数の問題が含まれている。最もよく利用される自殺の危険因子の同定方法は，ケースコントロールを用いた心理学的剖検調査である。このタイプの研究では，自殺者の遺族に生前の自殺者の様子に関する聞き取り調査を行い，他の死亡形式による死亡者の遺族から得られた同様のインタビューの結果との比較を行う。しかし，このタイプの研究では，遺族の記憶に強いバイアスがかかる，単身自殺既遂者に関するデータが得られない，といった問題が発生する（勝又，2015b）。また，マクロ統計資料を用いた相関研究（例：失業率と自殺率の相関）もよく用いられる研究デザインであるが，原因と結果の同定および交絡因子の除去の困難から，こちらも自殺の発生に関する因果関係を同定することは困難である。

　これらの問題を解消し，自殺に関する因果関係を同定するためのよりよい研究デザインとしては，（自殺を引き起こすような実験的手法を用いることはできないため）前向きコホート研究が考えられるが，これまで，自殺という現象の発生頻度の低さが前向きコホート研究の実施を困難にしていた。しかし，近年の自殺の危険因子を有する者を支援する法律の相次ぐ制定（例：2012年の障害者総合支援法，2013年のアルコール健康障害対策基本法，2014年の過労死等防止対策推進法）及びその法律に基づき活動が活性化している支援機関におけるデータベースの整備は，ある特定の自殺の危険因子を有する者の前向きコホート研究を可能とするはずである。実際，ある障害者就労支援機関は，そのような研究がスタートしたとのプレスリリースを出している（LITALICO, 2015）。このような研究が蓄積していくことは，自殺の発生の理論の精緻化につながるものであろう。

　自殺の発生に関する予測精度を高めるための視点として，予測モデルの問題

も取り上げておきたい。勝又（2015a）も指摘しているように，現時点で最も有望な自殺に関する説明モデルは自殺の対人関係理論であり，今後しばらくはこのモデルに関する精度を高める方向に研究は動いていきそうである。しかし，自殺の対人関係理論を含め，既存の説明モデルは説明変数が静的なものであるという問題を抱えている。これを動的なもの，つまり環境や個人の内的状況の変化を説明変数に加えたモデルを作ることが重要だと思われる。より端的に言えば，行動経済学におけるプロスペクト理論（Kahneman et al., 1979）の視点を自殺研究に持ち込むことで，予測精度が向上するのではないか，ということである。

　その根拠は以下の通りである。例えば，失業や離婚はいずれも自殺の危険因子であり（van Orden et al., 2010），この点は直観的にも理解がしやすい。その一方で，昇進やうつ病が治りかけることが自殺を誘発する可能性があるという指摘が存在するが（高橋，2014），こうした要因がなぜ自殺を誘発する可能性があるのかは一見理解がしがたい。これらに共通するのは，ある状態の存在ではなく，ある状態の「変化」の存在である。このようなモデルは，従来よく利用されてきたケースコントロールを用いた心理学的剖検調査やマクロ統計資料を用いた相関研究では検討が難しいために採用されてこなかったのではないだろうか。理論モデルの進展と採用可能な研究デザインは表裏一体の関係にある。双方を同時的に進化させていくことが，今後の理論の進展につながるだろう。

　最後に，研究方法に関するより根本的な改革を行うためには，測定に関する方法の改善が必要である。具体的には，自殺者（あるいは人一般）のリアルタイムでの意識内容や行動を刻銘に記録する生活に密着したツールの開発と提供が必要となるだろう。自殺研究の最大の問題点は，自殺者が死の直前にどのような状態であったのかが不明であるという点である。これまでの研究方法では，どのような測定方法を用いたとしても，この点については原理的に解明不可能であった。しかし，例えば，ナノロボットのようなものが人の体内に常駐したり，ドローンが飛び回って撮影することで，常に特定の個人の行動や意識状態を測定し，記録するようなことが可能になれば，「自殺者は死の直前に何を考えていたのか？」といったおそらく我々が本来的に知りたい疑問を解き明かす

ことができるようになるであろう。実際，スマートフォンがこれだけ広まった結果として，たまたま撮影された自殺者の自殺企図の様子を撮影した動画が時折動画サイトにアップロードされることがあるが，これをより精緻にしていくイメージである（もちろん，当然のこととして，倫理的な問題は別途考慮する必要がある）。なぜ自殺が発生するのか，そしてそれはどのように予測できるのかという問題を解消するためには，データ収集に関わる方法論的進展が必要である。

自殺対策に関する精神医学的な言説のオルタナティブの生成
　二つ目の課題は，自殺対策に関する精神医学的な言説のオルタナティブをいかに生成するか（そこにどう心理学的視点を入れていくか），という点である。二つ目の課題に関する具体的な問題解消の方法に関する言及に入る前に，川野（2015）の「これからの自殺予防対策が向かう先」という論考を紹介する。川野（2015）の主張の趣旨は，自殺者が死の直前には精神医学的に見れば病的な状態であったという言説が社会に敷衍する中で，その言説が実際に行われる自殺予防の実践を縛るようになった（自殺対策の精神医療化が起こった）可能性があるというものである。より具体的には，例えば，○○という自殺対策をしようと思ったとしても，仮に対策の結果や過程で発見された自殺ハイリスク者を精神医療につなが なければならないとすれば，精神医学的リソースが足りない地域や組織では，結果として何もない方が良いという結論にたどり着いてしまう可能性があるということである。自殺者がその最終的な局面である種の病的な状態を呈している可能性は高く，また，その状態への処置として精神医学的対応が役立つこともまた事実であろう。そのため，こうした自殺対策の精神医療化は間違った方向とは言えず，この言説を否定する必要もない。しかし，仮にあまりにこうした言説が浸透しすぎてしまい，対策の手足を縛ることになっているとすれば，その影響を中和するか，より包括的な言説を敷衍する必要はあるだろう。こうした言説の中和を行う試みは，2012年の改正自殺総合対策大綱の副題に「誰も自殺に追い込まれることのない社会の実現を目指して」といった文言が入れられたことからも分かるように，一部で意識的に行われているようである。しかし，川野（2015）の論考がそれ以降に書かれていること

を考慮すれば，中和の試みは必ずしもうまくはいっていないかもしれない。

　それでは，なぜこのような事態になっているのであろうか。以下は筆者の推測にすぎないことをあらかじめお断りしておく。この現象の背景には，もちろん，精神医学的な権益の拡大が一部の者によってなされているという問題もあるかもしれない。しかし，それだけではなく，人びとの「自殺対策のような大変ことは誰かに丸投げしておきたい」という欲望があるのではないだろうか。「死にたい」と言っている人と接することは本来的にストレスフルな作業である。自殺ハイリスク者との面接について，高橋（2014, p.221）は，「自殺の危険の高い患者を治療していくにあたって，治療者が常に注意を払っている必要があるのは，治療者自身であるといっても過言ではない」とまで述べ，自殺の危険が高い者と接する際に生じる陰性の逆転移の存在に警鐘を鳴らしている。つまり，仮に身近なところに自殺の危険の高い者がいたとしても，自分でなんとかしようとするよりは，専門家に任せた方が楽であり安心である，そのための口実として「自殺は心の病気が原因であるからまず病院へ」という図式が使われるのではないかということである。この状態を解消するための方向性は二つあり，一つは自殺ハイリスク者を専門に治療や支援を行う機関・専門家をつくるという方向性である。つまり，自殺対策の精神医療化の先鋭化である。もう一方は，この辛さを社会全体で分ちあうことである。どちらも困難な道であるが，自殺予防的な効果を考慮するのであれば，後者の方がより適切な道筋であろう。

　以上を踏まえ，それでは，自殺対策に関する精神医学的な言説のオルタナティブとしてはどのようなものが考えられるであろうか。一つは，使い古された言葉であるが「絆」の回復であろう。それも，自殺の危機に追い込まれた者とその周囲の者との絆の回復である。これは，既に紹介した自殺の対人関係理論等との整合性という観点からも無理がなく，かつ，多くの人を自殺対策に巻き込むようなものとなっている。また，自殺の危機に追い込まれた者と周囲の者との絆を回復させることは，必ずしも専門性の必要な作業ではない。むしろ，専門家よりも，友人や家族こそが重要な役割を担うことができる活動である。

　二つ目の可能性は，「自殺は物理的に予防できる」という方向性であろう。実際，自殺対策のエビデンスを総覧すると，薬物の包装方法の変更（Hawton,

2002），農薬（Gunnell et al., 2007）・木炭（Yip et al., 2010）・銃（Ludwig et al., 2000; Chapman et al., 2006）といった自殺企図に利用可能なものの入手制限，ホームドアの設置（Law et al., 2009）など，物理的な方法で自殺企図方法へのアクセス可能性を低減することが自殺率の低減にかなり有効であることが分かる。自殺を物理的な問題という視点からとらえなおし，「こころ」の問題から解放することは，自殺対策に関する精神医学的な言説のオルタナティブを生成する上で重要なことかもしれない。このような提言の背景には，筆者の行った自殺対策に対する態度への介入に関する研究の経験がある（第3部）。通常，このような介入に対しては思想信条の自由という観点から反論が寄せられる（例：自殺は人間の権利だと考える自由は万人に保障されるべきである）。しかし，自殺方法への物理的なアクセス可能性を低める環境作りが自殺対策に効果的である（≒自殺は必ずしも理性的判断／熟慮の元に行われていない）という情報の提供はこのような問題に抵触しないという利点を有しているが故に，多くの人にとって受け入れやすいようである。

　三つ目の可能性は，これが自殺研究の発展のカギになると思われるが，「自殺死亡の予防ではなく，自殺念慮の予防が大事」という方向性である。この点は，自殺が一見「こころ」の問題であるかのように見えながら心理学的研究が十分に発展していないという事態の原因とも密接にかかわっている。そもそも，自殺の直前に精神障害（例：うつ病）があり，その結果として自殺が起こるという言説がこれほど社会に敷衍したのは，自殺に関する心理学的剖検調査の実施もさることながら，この言説が自殺者を免責し自殺を予防することを正当化するための機能を有していたからであろう。通常の「こころ」の状態で意思決定された結果としての自殺という行動を予防することは，個人の自由の尊重という観点から正当化することが難しい。一方で，仮に通常の「こころ」の状態ではなく，病的な状態であったとすれば，自殺を予防するという行為が個人の自由意志の尊重という価値観と真っ向から対立することはない。このような，ある種の通常とは異なる心理状態を自殺の直前に仮定することによって，自殺予防行為を正当化したり，自殺者を免責することは人間社会において伝統的に行われてきたことである。例えば，中世キリスト教社会では，自殺を悪魔に惑わされた神への背信行為として禁じながら，自殺の直前に「狂気」の状態を想

定することで自殺者を免責している（詳細は，末木（2013b）参照）。現代日本における過労自殺裁判の法理にも類似の論理がうかがえる（詳細は，貞包ら（2016）参照）。

　そして，この過程では自殺者の有する「正常な」内的状態に関しては軽視されるか，無視されることとなる。なぜならば，自殺が「正常な」こころの作用によって引き起こされたものである場合，上記の論理が崩れるからである。以上の問題を解決し，さらなる自殺研究を進展させるための案が，「自殺の問題を扱うのではなく，自殺念慮の問題を扱う」，「自殺対策が重要なのではなく，自殺念慮対策が重要」という言説の作成である。もちろん，自殺を思うことは個人の成長に資する場合もある（河合，1971）ものの，それは必ずしも個人の責任において克服すべきものでもないと筆者は考える。

　いずれの形にせよ，科学的な知見と矛盾のない範囲で，新しい自殺／自殺対策に関する言説を作っていくことも，重要なことではないだろうか。そして，ある種の言説は研究の発展と自殺対策の進展を相互に進めていくことになるであろう。そのためには，自殺に対する態度とその変容に関する方法に関する研究が必要である。効果的な自殺対策を開発することも重要であるが，対策を推進するためには，効果的な自殺対策を推進できる社会的環境（民意）が必要であることも忘れてはならない。

13-4．そもそも自殺対策は必要か？

　以上が筆者の考える自殺を予防すべき対象と考えた際の課題である。最後に，そもそも自殺対策は推進する必要があるのか？というより根源的な問いを扱う。

　なぜこのような問いを立てるのかというと，自殺を予防することが社会によって（何らかの意味で）良いことであるというコンセンサスが得られているかどうかは，現状やや怪しいからである。例えば，2006年に制定された自殺対策基本法の第一条（目的）および第二条（理念）を読むと，その目的は，「国民が健康で生きがいを持って暮らすことのできる社会の実現」であり，自殺が対策され減らされるべきものというニュアンスはかなり抑えられていることが

分かる。これは，自殺で遺された遺族に対する配慮という側面もあるだろうが，自殺対策が「良い」ことであるという国民的な理解が得られていないことの証にもなるのではないだろうか。

自殺対策の推進に関するコンセンサスが得られていないかもしれないという疑念には，一定の研究上の裏付けも存在する。それはもちろん，第3部の一連の調査のことである。自殺対策をもとにしたVSLの値は他の死亡対策をもとにして推計されたそれよりもはるかに低い。人びとが一人の統計的自殺死亡の予防に対して投入して良いと考える税金の額は，事故等の他の形式の統計的死亡に比べて10倍程度低いのである。

実際，このような人々の自殺対策に対する慎重な態度の背景には経済的な合理性が存在する可能性もある。我が国では，数年前に自殺やうつ病がなくなった場合の経済的便益の推計額が単年度で約2兆7,000億円であるとの報告がなされ（金子ら，2010），話題となった。この報告は，2009年ベースで自殺がゼロになることによる稼働所得の増加（自殺で亡くなった方の推定平均生涯年収の合算値）が約1兆9,000億円であるとしている。海外でも類似の報告はいくつかみられる（Palmer et al., 1995; Weinstein et al., 1989）。第3部でも論じたように，これらの研究からは，一見すると，自殺対策により日本全体の自殺者がゼロになった場合，経済的便益が2兆円ほど生まれるように見える。しかし，このような自殺対策の便益の推計には，①そもそも自殺のリスク（例：うつ病）を抱えた者の生涯平均年収がそうではない者と同等であるという前提に問題があり便益を過大評価している，②自殺が行われることによる便益が考慮されていない，といった問題点が指摘されており，むしろ，自殺が行われることによる社会的便益の推計値は自殺を予防することのそれを上回るという試算もある（Yang et al., 2007; Stack, 2007）。ここから推測されることは，主に経済的な観点から見た場合，そもそも自殺予防を推進することは社会的に多大なコストがかかるため，人々は他の形式の死亡対策に比べて自殺対策により慎重であるということである。

そのため，我々が自殺に関わるものの中で，本来的に対処すべき問題が何なのか（自殺を防ぐことなのか，自殺が生じた後の悲しみを軽くすることなのか，あるいはそれらを受け流す術を身につけることなのか）は慎重に考える必要が

あるだろう。短期的な不快の迅速な解消がより重篤な心理的問題や不適応を引き起こすというのは，これまでの臨床心理学／異常心理学的な知見でも多数みられる精神障害や不適応の説明モデルである（例：強迫観念を鎮めるために強迫行為を行うと社会生活への適応上の問題が生じる，心理的な痛みに対処するために意識を絶とうとすると死んでしまう）。これらの現象から類推すると，①自殺が生じた後の強烈な悲しみに対処すること（≒自殺対策に身を投じること）が，より重篤な社会的な／適応上の問題を引き起こす，とも考えることができるし，②自殺対策への投資という短期的な痛みを回避することが社会全体により重篤な問題を引き起こしている，とも考えられる。どちらの仮説が正しいかは現状定かではないが，どちらが正しいかによって，我々がとるべき方向性は大きく変わるはずである。もちろん，現在の日本では自殺対策基本法が存在するため，自殺対策を推進することには法的な根拠がある。しかし，それが根源的に正しいことなのか否かはまた別の話である。

　自殺対策がそもそもすべきものか否かという問いは，おそらく科学的な学問をいかに極めたとしても答えることの叶わない問いである。そして，その点が明確にならなければ，我々が自殺に対してとるべき態度は定まらない。そのため，自殺対策は，これまでのように精神医学や公衆衛生に関わる医師や心理学者といった者のみならず，このような問いに答えることができるよう，他の人文・社会科学（例：倫理学）との幅広い協働が必要になると思われる。

第14章 パターナリズム批判を超えて
——自殺予防の新しい形

> **本章のまとめ**
>   自殺対策推進の正当性について，危害原理の観点から考察を進めた。
>   自殺という意思決定は，人間の持つ限定合理性によって生じるものであり，一定の合理性と非合理性を有する。この判断傾向は進化的合理性によって構成されたと推察される。
>   完全な合理性に基づかない自殺という意思決定に対しては，部分的なパターナリズムの適用が認められる。
>   自殺対策は，目的パターナリズムではなく，手段パターナリズム（自殺の危険にさらされた者の苦痛を低減するためのより良い意思決定の支援）に基づいて行われるべきである。

14-1．自殺に危害原理を適用できるか？

　最終章では，自殺対策への反対の根拠，つまり自由意志の尊重とパターナリズム批判の問題について批判的に考察を行う。これは，前章の最後で扱った，自殺対策はそもそも推進すべきものか否かという問いへの現時点での応答である。
　自殺対策の推進に反対する者の多くがその理由として持ち出すものが，この個人の自由意志の尊重の問題と，自殺対策をパターナリズムだと見なすことである。この問題は第2章のTwitterデータを活用した自殺予防アプリの炎上事

件の紹介の際にも触れたが，改めて確認すると，人は自分の死について自由意志に基づいて自己決定する権利を有しているので,他人にあれこれ言われたり，いきなりお節介をやかれるのはかなわない，という感覚が自殺予防に対する反感となるというものである。まず初めに，自殺と自由や権利の問題について考えてみたい。

　ジョン・スチュアート・ミル（1971）の自由論から抽出されたいわゆる「危害原理」（harm principle）は，他者の自由を制限する際の正当性を担保する現代社会における標準的な考え方だと言える。これは，他人に危害が及ぶことを防ぐことを目的とした際にある人の自由は制限されうる，という考え方である。例えば，現代の社会においてはこうした考えに則って殺人や窃盗といった犯罪を行う自由は制限されている。それでは自殺はどうであろうか。

　鉄道への飛び込み自殺に代表されるような他者の財産や資源に損害を与えるようなタイプの自殺はこのような論理によって制限しうる（予防しうる）だろう。推定方法にもよるが，鉄道自殺1件の損害額の平均は8,900万円，中央値は7,700万円である（国土交通省鉄道局，2010）。これだけでもかなりの金額であるが，この額は損失の最低ラインである。なぜならば，この額は客数と遅延時間に時間価値をかけ合わせて算出したものであり，車体や路線が損傷した場合の修理費，事後処理をする者の人件費，自殺を目撃した運転手が受ける精神的なショックなどが換算されていないからである。

　逆に言えば，それ以外の場合に他者の自由に制限を加えることはできない。例えば，一人暮らしの老人が持ち家で自殺したといった場合について考えてみると，こうした事象は直接的に他者に危害が及ぶものではないため，危害原理の観点から言えば,自殺を予防することは個人の自由の侵害となる。もちろん，自殺を行うと遺族や親しい者に悲嘆を引き起こすという観点から危害原理を適用することも考えられる。しかし，そもそも人はいずれ死ぬものであるし，自殺によって引き起こされる悲嘆がその他の形式の死よりも絶対的に重篤であるという根拠は薄い（Sveen et al., 2008）。そのため，危害原理の観点からこのようなタイプの自殺を予防することを正当化することは難しい。

　ただし，危害原理の適用には除外規定があるとミルは言う。ミルによれば，この規定が適用されるのは判断能力が成熟した大人のみに対して適用できるも

のであり，未成年者や判断能力が十分ではない者については，その者の自由を制限してでも十分に保護すべきであるとしている。

これまでの（大人を対象とした）自殺対策は，この除外規定を用いることによって行われてきたと言っても過言ではない。自殺というものは正常な判断を下せる状況にない者が行うものであり，それ故に予防すべきであるという考え方を適用してきたということである。ここで言う正常な判断を下せる状況にない者とは，つまるところ（言い方は悪いが，現代においては）精神障害に罹患している者という意味である。前章でも述べたように，自殺の直前に何らかの「異常」な精神状態の存在を仮定し，その「異常」をもって，死者やその遺族を免責し，自殺を予防することを正当化する試みは歴史的に見てもかなり古くから行われてきた人類における社会運営上の英知と言える。

14-2．自殺は正常な判断ではないのか？

それでは危害原理の除外規定（正常な／合理的な判断を下せる者ではない者はパターナリズムを適用して保護すべき）を自殺者に適用することは合理的であろうか。

危害原理の除外規定を自殺者に適用し，自殺を予防することを正当化することは難しい。自殺という行為がなされるのはまさに自殺企図のその瞬間であるが，その瞬間に人が正常な判断を下せる状況であったか否かについては，現状の科学技術では明確には分からないはずだからである。自殺を試みて現に亡くなった者は亡くなっているのであり，その直前の意識状態についてはどこにも記録されていない。仮に，体内にナノマシンのようなものが常駐し，人間の意識状態を常に記録し続け，それが死後に取り出せる（航空機事故後のブラックボックスの解明のように）とか，そのナノマシンが常に宿主の意識状態を外部媒体に送信し続けるといったことが普通のことになった世界においては，自殺者が自殺企図の直前にどのような状態であったのかを知ることができるようになるだろう。現在はそのような技術は確立されておらず，我々一般がそのようなものを身体に宿しているわけでもないのであるから，自殺者の自殺企図の直前の意識状態は不明である。つまり，自殺者が危害原理の除外規定の対象であ

るかは，現時点では正確には知りようがないはずである。故に，危害原理の除外規定を自殺者に適用することによって自殺予防一般を正当化することには無理があると言わざるを得ない。

それでは，自殺の原因が精神障害（≒精神的に正常とは言い難い，正常で合理的な判断が下せない状態）であったという言説はどこから生じたのであろうか。自殺の原因の一端が精神障害であるという言説は，心理学的剖検調査と呼ばれる研究によって生成されている。心理学的剖検調査とは，自殺が生じた後に遺族らに自殺者の生前の様子に関する聞き取り調査を行うものである。近年では，自殺者の遺族から聞き取った内容と，その他の形式の死（主に事故）によって亡くなった者の遺族から聞き取った内容を比較することを通じて，自殺者の生前の様子の特徴を探る研究が行われている。こうした研究は欧米でスタートし，日本でも行われている。欧米で行われた心理学的剖検調査によれば，自殺者の9割以上は生前，精神障害に相当する状態であったと推定されている（Cavanagh et al., 2003）。この割合は東アジアではやや下がるが，日本で行われた同種の研究でも6〜7割程度が精神障害に相当する状態であったと推定されている（Hirokawa et al., 2012）。推定される精神障害の種類は国にもよるが，うつ病やアルコール等の物質依存が多い。

心理学的剖検調査は遺族から聞き取った内容をもとに，分析者（主に精神科医）が自殺者の生前の心理状態を推定したものにすぎない。遺族の記憶には強いバイアスがかかるはずであるし，そもそも遺族がいない自殺者については何も知りようがないという問題もある。また，そもそも，仮に生前に精神障害を有していたとしても，そのことは常に合理的な判断ができない状態であったことを意味しない。つまり，そもそも自殺者のすべてが精神障害だったわけではないのであるから，危害原理の除外規定を自殺者に適用することによって自殺予防を正当化することは難しいということになる。

14-3. 人間の意思決定の方法—限定合理性

それでは，やはり誰にも迷惑をかけるわけではないタイプの大人の自殺を予防することは正当化しえないのであろうか。

これまでの議論では，そもそも大人は通常，（精神障害の状態でなければ）熟慮の末に合理的な意思決定を行うことを常とするということを暗黙の前提としてきたが，その前提には大きな問題が含まれている。20世紀の心理学の歴史は，我々は感情に大きく振り回され，とても熟慮の末に合理的な判断をするような主体ではないということを明らかにしてきたものだと言ってもよいからである。ただし，これは人間がまったく合理的な判断をしないという意味でもない。実際には，人間は感情や認知バイアス（例：アンカリング，利用可能性，代表性）によって瞬間的に意思決定をする場合もあれば，熟慮の末に合理的に意思決定をする場合もある限定合理的な存在である。

　念のため，我々が認知的なバイアスによって様々な影響を受け，決して合理的とは言えない行動をとる例を挙げておきたい。例えば，我々はあまり馴染みのない土地でランチを食べようと思った際にどのように食べる店を決定するだろうか。こうした場合，近くのお店を食べログで検索し，得点が3.5以上の店に入っておけば（利用可能性ヒューリスティクス），大きく外すことはないだろう。本来，合理的に決めるためには，自分が行くことが可能なすべてのお店のすべてのメニューを吟味し，そのメニューを食べた際に自分が得られる満足度を算出した上で最も満足が得られる店に行くべきであるが，そのような行動をとる人間はおそらくいない。

　こうした熟慮とは関係のない感情やバイアスに左右された限定合理的な意思決定のあり方は自殺と関係があるのだろうか。自殺学者のシュナイドマンは自殺に共通する十の共通点の一つとして，「自殺に共通する一貫性は，人生全般にわたる対処のパターンである」という項目を挙げている（Shneidman, 1993）。これは，身にふりかかる強烈なストレスにどのように対処するのかを意思決定する際に，自殺者には自殺に通じるような一貫したパターンを続けているということを意味している。つまり，自殺者特有のストレス対処時の偏りがあるという話である。その対処方法とは，困難が生じた際に意識を正常な状態から変えて，辛さや心理的な痛みを感じないようにするという対処のことを指している。例えば，何か問題が生じた際にアルコールを飲んで気を紛らわす，睡眠薬を過量服薬するといった行動は，困難が生じた際に通常の意識状態を変えるというパターンとして一貫している。そしてほとんどの場合，こうした対

処は一時的な気分の安定や苦痛の軽減をもたらすが，長期的に見るとより重大な問題（自殺潜在能力の高まり）を引き起こしてしまう。こうした認知バイアスによって選択されたストレス対処方法の一つが自殺であるとすれば，それは十分に合理的な個人が熟慮の末に選んだ選択だということは難しいだろう。

このような限定合理的な意思決定は進化的な合理性の賜物である可能性が高い。その理由を進化心理学の観点から説明する。

自殺という行動は基本的に個の生存や繁殖を促進するものではないため，進化的に見るとそれが適応的であるために現代にまで残っていると考えることは難しい。繁殖の機会は男性であればかなりの高齢まで，女性であっても閉経するまでは残されているため，それ以前の時点で自殺をすることは，基本的には個人の適応度を下げることにつながる。また，自身の繁殖の機会が終わった後でも，子どもや孫の養育という仕事を通じて，自身の適応度を上げることができる。ここまで考えると，子どもや孫が存在し，自身がその養育に関わることができるかぎり，自殺は適応的ではないため，この行動は集団内で淘汰されていくことになる。

この推論は三つの点で妥当なものだと考えられる。第一に，地域によって多少の差はあるが，自殺率は年齢が上がっていくに従って上昇していく（厚生労働省，2016; WHO，2014）。つまり，自身の適応度を上げる機会が減少していくに従って，自殺率は高まっていくのである。第二に，婚姻状況や子どもの有無と自殺率との間には明確な関連がある（厚生労働省，2016）。つまり，婚姻をしていたり，子どもがいる者の方が自殺率が低いのである。これらは，進化的な適応を変化させる機会そのものが自殺の危険性と関連していることを示唆している。第三に，自らが自殺をすることで自身の適応度が上がる場合についての説明も可能である。例えば，日本の山村では，多世代家族において高齢者が自殺をするケースが目立つ。これは，自身の介護等が子どもや孫の繁殖機会を奪い，その適応度（ひいては将来的な自身の適応度）を下げるからだと解釈することができる。子どもや孫の世話をする側であれば自身が生存することで適応度は上っていくだろうが，その逆の立場になった場合，話は別である。

さらに，包括適応度という概念を持ち込むとより広範な自殺を説明することができる。包括適応度とは，ある個体が自分と遺伝子（の一部）を共有する別

個体に対して，自らの適応度を減らすとしても，その別個体の適応度が上がり，全体として自身の持つ遺伝子の適応が向上する際に，その特定の行動が広まっていくという現象を説明するために作られた概念である。例えば，ミツバチの中でも働き蜂は繁殖を行わないが，外敵が来た時には自殺的防衛行動をとり（例：死をいとわず外敵に立ち向かう），危険な蜜集めにも精を出す。これは，自身が繁殖をしなかったとしても，遺伝子を共有する女王蜂が繁殖をすることにより，自身の適応が上るからだと考えられている（長谷川ら，2000）。子どもや孫に限らず，自分自身が血縁者の世話になっている際に（自分が生存していることが自分の包括適応度を下げている場合），それを問題に感じ自殺をすることは，包括適応度を上げるという理にかなった行動である可能性は残されている。

　これは筆者の推測であるが，医療制度が十分に発展した現代とは違い，人類の長い歴史の中ではこのような行動が進化的に適応的であった可能性は高い。例えば，自らが瀕死の重傷を負い，その時代の医療水準的に治療の達成が絶望的であるにもかかわらず，子どもや親族がそれを何とかしようと試みる場合などがこれに該当する。このような仮説は，既に見た自殺の対人関係理論による自殺生起のメカニズムと整合的である。自殺の対人関係理論は，自殺潜在能力，所属感の減弱，負担感の知覚という三要素が揃った時に自殺が生じるとするものであった。負担感の知覚が自殺の危険性と関連していることは多様な先行研究から支持されている（van Orden et al., 2010）。負担感を知覚した際に自殺の危険が高まるという理論は，進化心理学から見た自殺行動の説明と合致する。

　以上をまとめると，我々は限定合理的に意思決定をするが故に自殺をしてしまう場合があるということである（そして，そもそもこのような意思決定傾向は進化的な合理性を持ち合わせている可能性がある）。また，そうであるならば，危害原理の除外規定を自殺に適用することによって，自殺予防をある程度正当化しても良いのではないだろうか。

14-4. 良い自殺対策とは？——手段パターナリズムと目的パターナリズム

　自殺という現象に対して上記のような仮定（自殺は人間が限定合理的な存在であるが故に生じる問題である）を置いた際に，それではどのような形での予防を行うことが妥当であろうか。この問題を考える際には，手段パターナリズムと目的パターナリズム（le Grand et al., 2015）を分けて考えることが有効であろう。手段パターナリズムとは意思決定者の目的遂行のための手段を提供するパターナリズムであり，目的パターナリズムとは，意思決定者の（厚生の向上を名目に）行為目的に干渉するタイプのパターナリズムである。パターナリズムの賛否にはそもそも様々な立場がありうるが，パターナリストの間であっても支持されてきたのは，手段パターナリズムであり，目的パターナリズムは支持されてこなかった。これは，目的パターナリズムが意思決定者の自由や自律性を侵害すると考えられるからである。東京から大阪へ行きたいときに，「深夜バスで行くよりも新幹線の方がはやく着くよ」と教えてくれることは許容できるが，「大阪よりも名古屋の方が楽しいから行くべきだ」と言われれば，余計なお節介だと思うだろう。

　第3部で見たように，自殺対策の実施が他の死亡形式に比して支持されないのは，自殺対策が他に比べ手段パターナリズムではなく目的パターナリズムであるかのように見えやすいからではないだろうか。病気で苦しんで死にたいとか，事故で早期に死にたいと考えている人がほとんど存在しないことは自明である。しかし，自殺は，死を選ぶことそのものが本人の意思であり，目的であるかのように見える。

　しかし，14-3で見たように，自殺というものはある死が生じた後に遺されたものによって再構成される現象であり，死者が何らかの形で死を目的に合理的な意思決定をしたという証拠はどこにもない。自殺学の大家であるシュナイドマンが喝破したように（Shneidman, 1993），自殺者の目的は死そのものではなく（もし仮に自殺の目的が死そのものであるとすれば，誰がどう見ても幸せそうであるにもかかわらず自殺する人間がもっとたくさんいないとおかしなことになる），苦痛に関する意識の停止であり，それはすなわち，より良い生

を送ることである。死はより良い生を送りたいという目的に反応して限定合理的にたまたま意思決定された行為の帰結の一つにすぎない。そのため、すべての自殺対策が目的パターナリズム的なものであるわけではない。

こう考えれば、我々は目的パターナリズムではなく、手段パターナリズムに根差した自殺対策を実施していくべきという結論にたどり着く。そのため、本来であれば、自殺対策という用語ではなく、「より良い生活に向けた意思決定支援」などといった言葉を使った方が良いだろう（冗長な用語しか思いつかないのは、筆者のセンスの問題である）。

それでは、どのような自殺対策が（手段パターナリズムという観点から見て）良い自殺対策であり、どの自殺対策は問題があると言えるだろうか。例えば、執筆時（2017年3月）に最新のバージョンである2012年に閣議決定された自殺総合対策大綱を見ると、「（自殺危険性の高い人の）早期発見、早期対応」といった標語が連呼されているが、これは手段パターナリズムの観点から許容しづらい文言であろう。なぜならば、ここには自殺の危険の高い者が自律的に苦痛を減らしていくための意思決定の支援という観点が完全にこぼれ落ちているからである。この文言は、国が疾病の流行を管理する際の発想であり、個人の自律性が尊重されていない。一方で、手前みそで恐縮であるが、第2部で紹介した夜回り2.0は、苦痛を低減するためのより良い意思決定支援を促すための環境構築をしており、手段パターナリズム的な発想に基づいた良い自殺対策と言うことができるであろう。

繰り返すが、自殺対策を推進する際には、自殺の危険にさらされた者が感じている苦痛を低減し、より良い生を選択できるように環境を調整し、意思決定を支援していくことこそが重要である。なお、これは論理的に考えて熟慮の末に合理的に判断された自殺を容認することと表裏一体である。

あとがき

　人間は言語を獲得することでかなり複雑なことができるようになった。虚構を信じることで他者と効率的に協働することができるようになった。そのおかげで，我々は地球上のあらゆる生物よりも繁栄しており，あらゆる生物を滅ぼすほどの力を得た。

　そして，おそらく，そのおかげで人は自ら死を選ぶようになった。我々は，他者から疎外されていたり，他者の役に立たなくなったと感じる時に死にたくなるようである。これは，他者との協働が人間という存在にとって非常に大事だったからであろう。我々の先祖が狩猟採集民をやっていた頃，老いて他者と協働できなくなり，コミュニティに負担をかけてしまう人間が死を選ぼうとすることは，おそらくその一族にとって（その一族が共有する遺伝子にとって）進化的に良い影響をもたらしたのではないだろうか。

　第3部の一連の研究を進めるなかで，我々はどうしてこれほどまでに自殺を忌み嫌い，自殺を防ぐことも嫌っているのか，ということを考えざるをえなくなった。そして，おそらく自殺には上述のような進化的に適応的な意味があったし，だからこそ我々は他の形式の死亡に比べてそれほどまで自殺や自殺予防にネガティブな態度を有しているのではないかと思うようになった。一方で，筆者は，第1部や第2部の研究のように自殺予防の臨床実践に関わってきた。そこでは，常に自殺予防のために何ができるか，どうすれば良いかと考えてきたつもりである。『インターネットは自殺を防げるか？』（東京大学出版会）を

2013年に上梓して以降の筆者の研究・活動をまとめたものが本書であるが，このような矛盾を常に抱えながら，この数年間活動してきたことになる。

　我々は自殺や自殺予防に対して好意的ではない。もしかするとこの本を手にとるような方々はそうではないかもしれないが，多くの人はやはり好意的ではない。それは，我々人類が長い歴史の中で身につけてきた環境への適応の一つのあり方なのだろう。しかし，現在，我々が生きている社会は急速に変化をしており，もはや我々を進化生物学的に縛っているあの長い時代（狩猟採集の時代，農耕中心の時代を入れても良いが）と現代は大きく異なっている。そのため，自殺を予防することの意味も，その昔とは大きく異なっているだろう。

　自殺を予防するということは，他者と効率的に協働できない人が生きられる環境を用意することであり，それにはおそらくそれなりの経済的なコストがかかるだろう。それでも，現代ほど豊かになった時代であれば，それだけのコストを皆で支払う意味もあるかもしれない。「協働できない」と言うと聞こえが悪いが，それは同時に「他者に流されない／ブレない」，ということを意味しており，我々が集団で誤った方向に流れていってしまう際の防波堤になるといった効果があるかもしれない（ないかもしれない）。その時のためにも，より効率的に（低コストで）自殺を予防できる方法を開発しておくことには意味があるだろう。

　何にせよ，筆者は自殺を防ぐことには意味があると思いたいようである。ただし，そこにどのような意味があるのか，そして実際にどうすれば良いのかということについては，10年程度は研究してみたものの，いまいちよく分かっていないのである。平均余命まではあと40年以上あるので，この問題についてもう少し考えていきたいと今は思っている。一緒に考えてくれる方は，ぜひ筆者に連絡をして欲しい。どこで何をしているかは確約できないが，おそらくネットで名前を検索してもらえれば，連絡先も出てくるはずである。

　最後に，自殺を予防し社会の多様性を維持するためのコストを既に支払ってくれた方々に感謝を申し上げる。

　本書は，2018年度科学研究費助成事業（科学研究費補助金）研究成果公開促進費（課題番号：18HP5182）の補助を得て刊行された。第1部におけるオンライン・コミュニティの自殺予防効果に関する研究（第1章）では，安心ネッ

ト作り促進協議会研究費（2009-2011年）にお世話になった。Twitterに関する研究（第2章）では，大川情報通信基金研究助成（2014年）から研究資金をいただいた。また，第2部の夜回り2.0の実践においては，三菱財団社会福祉事業・研究助成（2014-2015年），電気通信普及財団研究調査助成（2016年度），和光大学地域連携研究センター（2015-2016年度，2015年までは和光大学総合文化研究所）から研究費を頂いた。なお，第3部の研究のほとんどは，筆者の所属する和光大学から支給される個人研究費に加え，自腹を切って行った。痛い限りである。

　また，これらの研究を進める上で多くの方からご指導・ご支援をいただいた。第一に，竹島正先生（川崎市健康福祉局障害保健福祉部精神保健福祉センターセンター長，国立精神・神経センター精神保健研究所自殺予防総合対策センター前センター長），稲垣正俊先生（島根大学医学部精神医学講座教授，国立精神・神経センター精神保健研究所自殺予防総合対策センター前適応障害研究室長），米本直裕先生（京都大学医学研究科助教）に感謝を申し上げる。稲垣先生と米本先生には短い期間ながら研究の基礎をお教えいただき，竹島先生には多様な研究／発表の機会をいただいた。これらの経験は研究者としての私自身の土台となっている。第二に，本書のもととなった論文の査読に関わったすべての匿名の先生方に感謝を申し上げたい。学術論文の査読を受ける経験は実に辛いものであるが，査読に関わっていただいた先生方のおかげで，様々な気づきが得られた。査読を経て内容が悪くなった論文は一本もなかった。第三に，妻と娘・息子にも感謝を申し上げたい。彼・彼女らは私の生きる気力となるだけではなく，命について考える貴重な機会を提供してくれた。特に，娘の出産は私や妻にとっての「危機」であり，命についての見方に多大な影響を与えた。このことは，第3部および第4部の内容に活かされている。

　最後になるが，何よりもNPO法人OVAの代表理事である伊藤次郎氏に感謝を申し上げたい。2013年の彼との出会いがなければ，私の研究活動はまったく異なった方向へと向かっていっていたはずである。彼の自殺予防へ向けた情熱，エネルギーに感化された部分は非常に大きい。今後も自分のできる範囲で，自殺予防に関わる手助けができればと思っている。それは何より，自分自身の自殺のリスクを低減するためである。

論文初出一覧

本書は各章において以下の論文の内容を再構成した上で，大幅に加筆・修正を施している。詳細な統計分析等については一部省いた部分もあるため，興味のある方は原典を参照していただきたい。

第1部　続・インターネットは自殺を防げるか？

第1章

末木 新（2017）．インターネット文化と心理援助（特集：通巻100号・必携保存版　臨床心理学実践ガイド）　臨床心理学, 17, 580-581.

Sueki, H., Yonemoto, N, Takeshima, T., & Inagaki, M.（2014）. The impact of suicidality-related internet use: A prospective large cohort study with young and middle-aged internet users. *PloS ONE, 9*, e94841. doi: 10.1371/journal.pone.0094841

第2章

Sueki, H.（2015）. The association of suicide-related Twitter use with suicidal behaviour: A cross-sectional study of young internet users in Japan. *Journal of Affective Disorders, 170*, 155-160. doi: 10.1016/j.jad.2014.08.047

第3章

末木 新（2015）．若年者の自殺対策のあり方に関する報告書　第4章　各論～多様な領域からの若年者への支援～　3．インターネットを活用した支援とは　科学的根

拠に基づく自殺予防総合対策推進コンソーシアム準備会　若年者の自殺対策のあり方に関するワーキンググループ, pp.149-157.

第2部　夜回り2.0

第4章

末木 新・伊藤 次郎（2015）．インターネットを使った自殺予防：ゲートキーパー活動におけるリアルとネットの融合（特集 自殺対策）　最新精神医学, *20*, 213-219.

末木 新・伊藤 次郎（2015）．インターネットを用いた自殺予防の試み：夜回り2.0におけ援助事例（特集 自殺予防と精神科臨床：臨床に活かす自殺対策 II）精神科治療学, *30*, 505-509.

第5章

末木 新（2013）．自殺への危機介入における共感的対応の精緻化の試み：動機づけ面接およびその背景理論の視点から　自殺予防と危機介入, *33*(1), 46-52.

第6章

Sueki, H., & Ito, J. (2015). Suicide prevention through online gatekeeping using search advertising techniques: A feasibility study. *Crisis*, *36*, 267-273. doi:10.1027/0227-5910/a000322

第7章

Sueki, H., & Ito, J. (2018). Appropriate targets for search advertising as part of nline gatekeeping for suicide prevention. *Crisis*, *39*, 197-204. doi: 10.1027/0227-5910/a000486

第8章

末木 新・伊藤 次郎（2017）．電話・メール応対が難しいクライエントにどう対応するのか？：面接以前の面接（特集：「こんなときどうする？」にこたえる20のヒント，心理職の仕事術）　臨床心理学, *17*, 20-22.

末木 新・伊藤 次郎（2016）．インターネットを用いた自殺予防の課題：夜回り2.0における援助事例をもとに（特集：SNS時代の精神医学）　臨床精神医学, *45*, 1253-1258.

第3部　自殺予防への態度：主に金銭的観点から

第9章

Sueki, H. (2016). Willingness to pay for suicide prevention in Japan. *Death Studies*,

40, 283-289. doi: 10.1080/07481187.2015.1129371

第10章

Sueki, H. (2017). The relationship between attitudes toward suicide and willingness to pay for suicide prevention: A cross-sectional study in Japan. *Psychology, Health & Medicines, 22*, 1072-1081. doi: 10.1080/13548506.2016.1274409

第11章

Sueki, H. (2018). Impact of educational intervention on willingness-to-pay for suicide prevention: A quasi-experimental study involving Japanese university students. *Psychology, Health & Medicines, 23*, 532-540. doi: 10.1080/13548506.2017.1371777

第12章

末木 新（2017）．自殺対策の推進を不要と考える者は自殺のリスクとなるデモグラフィック要因を有している：インターネット横断調査の二次解析 自殺予防と危機介入, *37*(2), 35-41.

第4部　まとめ

第13章

末木 新（2017）．自殺の予防と心理学：展望とその課題（特集：社会のための心理学）心理学評論, *60*, 265-276.

付録　自殺対策への支払意思額の推計に用いられた質問票

（この付録は，栗山ら（2009）をもとに作成され，第3部の調査で用いられたものである）

このアンケートでは，1年間で国民1人が何らかの原因によって死亡する可能性（ある原因による死者数を人口で割った数値です。以下，○○による死亡リスクと記します）について説明した上で，そのリスクを回避するために個人が支払っても良いと考えている金額を質問します。まず，死亡リスクという考え方に慣れていただくために，いくつかのご説明とご質問をさせていただきます。

【自殺による死亡リスクの大きさの説明】

2012年における日本の総人口は約1億2,500万人，年間の死亡数は約126万人です。最も多い死因は，悪性新生物（がん）で36万0963人となっています。1年間で，日本人10万人中およそ286人が悪性新生物（がん）により死亡していることになります。

また，2012年における交通事故による死亡者数は4,411人，自殺による死者数は26,433人です。1年間で，日本人10万人のうち約4人が交通事故で，20人が自殺により死亡していることになります。これは，1年間の交通事故による死亡リスクは10万分の4，自殺による死亡リスクが10万分の20であること

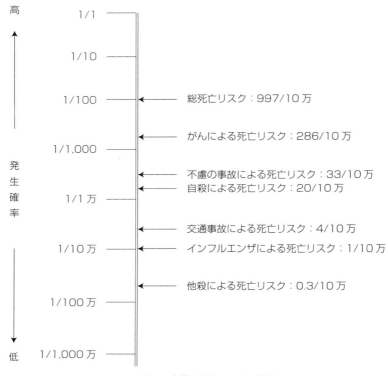

図1 多様な死亡リスクの比較

を表しています。他の死因と比べ，交通事故や自殺による死亡リスクがどの程度なのかを直感的に把握するために作成したのが以下の図1です。

【死亡リスクという考えに慣れていただくための質問】
まず，死亡リスク（死亡する確率，あるいは可能性と考えてください）という考え方に慣れるために，簡単な質問を2ついたします。深く考えず，思った通りにお答えください。

質問1
　AさんとBさんがいます。Aさんの今後1年間の死亡リスクは5/1,000，Bさ

んの今後1年間の死亡リスクは10/1,000です．さて，AさんとBさんのどちらの死亡リスクが高いでしょうか？
（ひとつだけ選択してください）

1．Aさん
2．Bさん

質問2

　質問1の正解はBさんです．それでは，今度は，CさんとDさんの死亡リスクについて考えます．Cさんの今後1年間の死亡リスクは6/1,000，Dさんの今後1年間の死亡リスクは2/1,000です．あなたは以上の説明でCさんの死亡リスクがDさんの死亡リスクの3倍であるということに納得できますか．
（ひとつだけ選択してください）

1．はい
2．いいえ

質問3＆4

【自殺対策についての意識に関する質問】

　自殺による死亡リスクは，効果的な自殺対策を実施することで減らすことが出来ます．自殺の手段の制限（例：毒性の強い農薬の使用制限），アルコールの入手機会の制限，メディアの責任ある報道の促進，精神障害・神経疾患・物質使用障害（例：アルコールや禁止薬物に関する中毒）の治療，自殺未遂者へのケアといった方法によって自殺を減らすことが可能であることがこれまでの研究によって明らかになっています．

　以下では，ある状況を想定し，自殺のリスクを減らすためにあなたご自身が支払っても良いとお考えの金額をおうかがいします．シナリオをよくお読みいただいた上で，質問に答えて下さい．

あなたが自殺によって死亡するリスクは図1のリスクのものさしで示したように年間20/100,000（10万分の20）です。ここからは仮想的な質問です。もし，「あなたの自殺による死亡リスクを削減できる新しい自殺対策が実施されるとしたら」と考えてお答えください。

新しく実施される自殺対策は有効性が研究により実証されていますが，完全に自殺を予防できるわけではありません。その対策を実施することにより，自殺による死亡リスクを年間20/100,000（10万分の20）から15/100,000（10万分の15）へと25％減少させることができます。

いま仮に，国や地方公共団体がその新しい自殺対策を実施するために税金をあげるとします。1年間の税金がXXXX円（500円，1000円，2000円，4000円，8000円の中から，ランダムに提示）あがるとしたら，あなたはそのことに賛成ですか，それとも反対ですか？　なお，税金があがることによって他のものに支出できるお金がその分だけ減ってしまうことを考慮してお考えください。

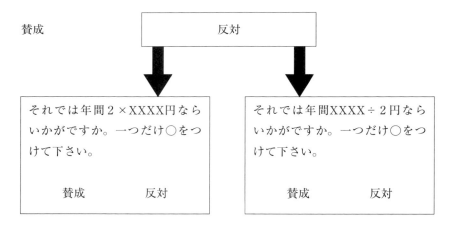

質問5
　その理由を教えて下さい。（ひとつだけ選択してください）

1．対策を実施することが重要だと思うから

2．この金額で対策を実施できるのなら，支払ってもかまわないと思うから
3．対策の実施に関わらず，人の役に立つことにお金を払うことはいいことだから
4．対策を実施することは重要だが，そこまでの金額は出せないから
5．対策を実施することは重要だが，税金をあげるという方法に反対だから
6．対策は必要ないから
7．その他

引用文献

Andersson, G., & Cuijpers, P. (2009). Internet-based and other computerized psychological treatments for adult depression: A meta-analysis. *Cognitive Behaviour Therapy, 38*, 196-205.

Andrews, G., Cuijpers, P., Craske, M. G., McEvoy, P., & Titov, N. (2010). Computer therapy for the anxiety and depressive disorders is effective, acceptable and practical health care: A meta-analysis. *PloS One, 5*, e13196.

Bagley, C. H., & Ramsay, R. (1989). Attitudes toward suicide, religious values and suicidal behavior: Evidence from a community survey. In R. F. W. Diekstra, R. Maris, S. Platt, A. Schmidtke, & G. Sonneck (Eds.), *Suicide and its prevention: The role of attitude and limitation* (pp. 78-90). Leiden, The Netherlands: E. J. Brill.

Bandura, A. (1977). *Social learning theory.* Englewood Cliffs, NJ: Prentice Hall.

Barak, A. (2007). Emotional support and suicide prevention through the Internet: A field project study. *Computers in Human Behavior, 23*, 971-984.

Beautrais, A., Fergusson, D., Coggan, C., Collings, C., Doughty, C., Ellis, P., Hatcher, S., Horwood, J., Merry, S., Mulder, R., Poulton, R., & Surgenor, L. (2007). Effective strategies for suicide prevention in New Zealand: A review of the evidence. *New Zealand Medical Journal, 120*, 67-79. 1-13.

Beck, A. (1986). Hopelessness as a predictor of eventual suicide. *Annals of the New*

York Academy of Sciences, 487, 90-96.

Beck, A. T., Kovacs, M., & Weissman, A. (1979). Assessment of suicidal intention: The Scale for Suicide Ideation. *Journal of Consulting & Clinical Psychology, 47*, 343-352.

Beck, A. T., Weissman, A., Lester, D., & Trexler, L. (1974). The measurement of pessimism: the hopelessness scale. *Journal of Consulting & Clinical Psychology, 42*, 861-865.

Bellavance, F., Dionne, G., & Lebeau, M. (2009). The value of a statistical life: A meta-analysis with a mixed effects regression model. *Journal of Health Economics, 28*, 444-464.

Bem, D. J. (1967). Self-perception: an alternative interpretation of cognitive dissonance phenomena. *Psychological Review, 74*, 183-200.

Bosompra, K., Ashikaga, T., Flynn, B. S., Worden, J. K., & Solomon, L. J. (2001). Psychosocial factors associated with the public's willingness to pay for genetic testing for cancer risk: A structural equations model. *Health Education Research, 16*, 157-172.

Britton, P. C., Bryan, C. J., & Valenstein, M. (2016). Motivational interviewing for means restriction counseling with patients at risk for suicide. *Cognitive & Behavioral Practice, 23*, 51-61.

Britton, P. C., Conner, K. R., & Maisto, S. A. (2012). An open trial of motivational interviewing to address suicidal ideation with hospitalized veterans. *Journal of Clinical Psychology, 68*, 961-971.

Britton, P. C., Patrick, H., Wenzel, A., & Williams, G. C. (2011). Integrating motivational interviewing and self-determination theory with cognitive behavioral therapy to prevent suicide. *Cognitive & Behavioral Practice, 18*, 16-27.

Britton, P. C., Williams, G. C., & Conner, K. R. (2008). Self-determination theory, motivational interviewing, and the treatment of clients with acute suicidal ideation. *Journal of Clinical Psychology, 64*, 52-66.

Brown, G. K., Beck, A. T., Steer, R. A., & Grisham, J. R. (2000). Risk factors for suicide in psychiatric outpatients: A 20-year prospective study. *Journal of Consulting & Clinical Psychology, 68*, 371–377.

Cavanagh, J. T., Carson, A. J., Sharpe, M., & Lawrie, S. M. (2003). Psychological autopsy studies of suicide: A systematic review. *Psychological Medicine, 33*, 395–405.

Chapman, S., Alpers, P., Agho, K., & Jones, M. (2006). Australia's 1996 gun law reforms: faster falls in firearm deaths, firearm suicides, and a decade without mass shootings. *Injury Prevention, 12*, 365–372.

陳 玲・佐尾 博志・大野 栄治・森杉 雅史（2011）．死亡リスク削減のための支払意思額に基づく統計的生命価値の計測　都市情報学研究, *16*, 33–38.

Christensen, H., Batterham, P., Soubelet, A., & Mackinnon, A. (2013). A test of the interpersonal theory of suicide in a large community-based cohort. *Journal of Affective Disorders, 144*, 225–234.

Christensen, H., Farrer, L., Batterham, P. J., Mackinnon, A., Griffiths, K. M., & Donker, T. (2013). The effect of a web-based depression intervention on suicide ideation: secondary outcome from a randomised controlled trial in a helpline. *BMJ Open, 3*, e002886.

Day, B. H. (1999). *A meta-analysis of wage-risk estimates of the value of a statistical life*. Centre for Social and Economic Research on the Global Environment (CSERGE): London, UK.

de Groot, M. H., de Keijser, J., & Neeleman, J. (2006). Grief shortly after suicide and natural death: A comparative study among spouses and first-degree relatives. *Suicide & Life-Threatening Behavior, 36*, 418–431.

Desvousges, W. H., Johnson, F. R., & Banzhaf, H. S. (1998). *Environmental policy analysis with limited information: Principles and applications of the transfer method*. Northampton, UK: Edward Elgar Publishing.

Dunn, C., Deroo, L., & Rivara, F. P. (2001). The use of brief interventions adapted from motivational interviewing across behavioral domains: A systematic review. *Addiction, 96*, 1725–1742.

Draycott, S., & Dabbs, A. (1998). Cognitive dissonance 2: A theoretical grounding of motivational interviewing. *British Journal of Consulting and Clinical Psychology*,

37, 355-364.

Etzersdorfer, E., Sonneck, G., & Nagel-Kuess, S. (1992). Newspaper reports and suicide. *New England Journal of Medicine, 327*, 502-503.

Eysenbach, G. (2009). Infodemiology and infoveillance: framework for an emerging set of public health informatics methods to analyze search, communication and publication behavior on the Internet. *Journal of Medical Internet Research, 11*, e11.

Feigelman, W., Gorman, B. S., Beal, K. C., & Jordan, J. R. (2008). Internet support groups or suicide survivors: A new mode for gaining bereavement assistance. *Journal of Death & Dying, 57*, 217-243.

Festinger, L. (1957). *A theory of cognitive dissonance*. Stanford, CA: Stanford University Press.

古川 俊一・磯崎 肇 (2004). 統計的生命価値と規制政策評価 日本評価研究, *4*, 53-65.

Furukawa, T. A., Kawakami, N., Saitoh, M., Ono, Y., Nakane, Y., Nakamura, Y., Tachimori, H., Iwata, N., Nakane, H., Watanabe, M., Naganuma, Y., Hata, Y., Kobayashi, M., Miyake, Y., Takeshima, T., & Kikkawa, T. (2008). The performance of the Japanese version of the K6 and K10 in the World Mental Health Survey Japan. *International Journal of Methods in Psychiatric Research, 17*, 152-158.

Greidanus, E., & Everall, R. D. (2010). Helper therapy in an online suicide prevention community. *British Journal of Guidance & Counselling, 38*, 191-204.

Gilat, I., & Shahar, G. (2007). Emotional first aid for a suicide crisis: comparison between Telephonic hotline and internet. *Psychiatry: Interpersonal and Biological Processes, 70*, 12-18.

Gilat, I., & Shahar, G. (2009). Suicide prevention by online support groups: An action theory-based model of emotional first aid. *Archives of Suicide Research, 13*, 52-63.

Gould, M. S., Marrocco, F. A., Kleinman, M., Thomas, J. G., Mostkoff, K., Cote, J., & Davies, M. (2005). Evaluating iatrogenic risk of youth suicide screening programs: A randomized controlled trial. *Journal of the American Medical*

Association, 293, 1635-1643.

Gunn, J. F., & Lester, D. (2012). Twitter postings and suicide: An analysis of the postings of a fatal suicide in the 24 hours prior to death. *Suicidologia, 17*, 28-30.

Gunn III, J. F., & Lester, D. (2013). Using google searches on the internet to monitor suicidal behavior. *Journal of Affective Disorders, 148*, 411-412.

Gunnell, D., Bennewith, O., Kapur, N., Simkin, S., Cooper, J., & Hawton, K. (2012). The use of the Internet by people who die by suicide in England: A cross sectional study. *Journal of Affective Disorders, 141*, 480-483.

Gunnell, D., Fernando, R., Hewagama, M., Priyangika, W. D. D., Konradsen, F., & Eddleston, M. (2007). The impact of pesticide regulations on suicide in Sri Lanka. *International Journal of Epidemiology, 36*, 1235-1242.

Hagihara, A., Miyazaki, S., & Abe, T. (2012). Internet suicide searches and the incidence of suicide in young people in Japan. *European Archives of Psychiatry and Clinical Neuroscience, 262*, 39-46.

Hanemann, M., Loomis, J., & Kanninen, B. (1991). Statistical efficiency of double-bounded dichotomous choice contingent valuation. *American Journal of Agricultural Economics, 73*, 1255-1263.

原井 宏明（2012）．方法としての動機づけ面接：面接によって人と関わるすべての人のために　岩崎学術出版社

Harris, K. M., McLean, J. P., & Sheffield, J. (2009). Examining suicide-risk individuals who go online for suicide-related purposes. *Archives of Suicide Research, 13*, 264-276.

Harris, K. M., McLean, J. P., & Sheffield, J. (2014). Suicidal and online: how do online behaviors inform us of this high-risk population? *Death studies, 38*, 387-394.

長谷川 寿一・長谷川 真理子（2000）．進化と人間行動　東京大学出版会

Hawton, K. (2002). United Kingdom legislation on pack sizes of analgesics: Background, rationale, and effects on suicide and deliberate self-harm. *Suicide & Life-threatening Behavior, 32*, 223-229.

Healey, A., & Chisholm, D. (1999). Willingness to pay as a measure of the benefits of mental health care. *Journal of Mental Health Policy & Economics, 2*, 55-58.

Hegerl, U., Althaus, D., Schmidtke, A., & Niklewski, G. (2006). The alliance against depression: 2-year evaluation of a community-based intervention to reduce suicidality. *Psychological Medicine, 36*, 1225-1233.

Hirokawa, S., Kawakami, N., Matsumoto, T., Inagaki, A., Eguchi, N., Tsuchiya, M., Katsumata, Y., Akazawa, M., Kameyama, A., Tachimori, H., & Takeshima, T. (2012). Mental disorders and suicide in Japan: A nation-wide psychological autopsy case-control study. *Journal of Affective Disorders, 140*, 168-175.

Hollander, E. M. (2001). Cyber-community in the valley of the shadow of death. *Journal of Trauma & Loss, 6*, 135-146.

今長 久 (2001). 道路交通事故の社会的損害額の推計　道路交通経済, *96*, 98-105.

稲村 博 (2011). 自殺学: その予防と治療のために（オンデマンド版）東京大学出版会

Isaac, M., Elias, B., Katz, L. Y., Belik, S. L., Deane, F. P., Enns, M. W., & Sareen, J. (2009). Gatekeeper training as a preventative intervention for suicide: A systematic review. *Canadian Journal of Psychiatry, 54*, 260-268.

Itaoka, K., Krupnick, A., Akai, M., Alberini, A., Cropper, M., & Simon, N. (2008). Age, Health and the willingness to pay for mortality risk reductions: A contingent valuation survey in Japan. *Resources for the Future Discussion Paper*, 5-34.

Jashinsky, J., Burton, S. H., Hanson, C. L., West, J., Giraud-Carrier, C., Barnes, M. D., & Argyle, T. (2014). Tracking suicide risk factors through Twitter in the US. *Crisis, 35*, 51-59.

経 環・田村 英嗣・山中 英生 (2004). CV調査とSG調査を用いた交通事故の人的費用の算定　土木計画学研究・論文集, *21*, 137-144.

自殺対策検証評価会議 (2013). 平成 25 年度自殺対策検証評価会議報告書: 地域自殺対策緊急強化基金・緊急強化事業
〈http://www.mhlw.go.jp/file/06-Seisakujouhou-12200000-Shakaiengokyokushougaihokenfukushibu/s10_3.pdf〉最終アクセス 2016/11/14

Joiner, T. (2005). *Why people die by suicide*. Cambridge, MA: Harvard University Press.

Joiner Jr, T. E., van Orden, K. A., Witte, T. K., Selby, E. A., Ribeiro, J. D., Lewis, R., & Rudd, M. D. (2009). Main predictions of the interpersonal-psychological theory of suicidal behavior: Empirical tests in two samples of young adults. *Journal of Abnormal Psychology, 118*, 634–646.

Joinson, A. N. (2001). Self-disclosure in computer-mediated communication: The role of self-awareness and visual anonymity. *European Journal of Social Psychology, 31*, 177–192.

Jordan, J. R. (2001). Is suicide bereavement different?: A reassessment of the literature. *Suicide & Life-Threatening Behavior, 31*, 91–102.

Jorm, A. F., Fischer, J. A., & Oh, E. (2010). Effect of feedback on the quality of suicide prevention websites: randomised controlled trial. *British Journal of Psychiatry, 197*, 73–74.

Kahneman, D., & Tversky, A. (1979). Prospect theory: An analysis of decision under risk. *Econometrica: Journal of the Econometric Society, 47*, 263–291.

金子 能宏・佐藤 格（2010）．自殺・うつ対策の経済的便益（自殺・うつによる社会的損失）の推計〈http://www.mhlw.go.jp/stf/shingi/2r9852000 000sh9m-att/2r9852000000shd1.pdf〉最終アクセス2013/10/09

金本 良嗣（2000）．プロジェクト評価定着に向けての課題　エコノミックス, *3*, 64–69.

勝又 陽太郎（2015a）．第3章総論:若年者の危機と保護的要因　1．心理学の立場からみた理論的検討　科学的根拠に基づく自殺予防総合対策推進コンソーシアム準備会若年者の自殺対策のあり方に関するワーキンググループ（編）　若年者の自殺対策のあり方に関する報告書（pp.77–88）．

勝又 陽太郎（2015b）．心理学的剖検研究から分かってきたこと（特集 自殺対策の現状）精神医学, *57*, 507–513.

河合 隼雄（1971）．自殺の象徴的意味について:心理療法家の観点から（攻撃・逃避・適応（特集））心理学評論, *14*, 67–79.

川野 健治（2015）．これからの自殺予防対策が向かう先　こころの科学, *181*, 2–7.

川島 大輔（2008）．意味再構成理論の現状と課題：死別による悲嘆における意味の探求　心理学評論, *51*, 485–499.

川島 大輔・川野 健治・白神 敬介（2013）．日本語版Attitudes to Suicide Prevention Scale（ASP-J）の妥当性と信頼性：医療従事者の自殺予防に対する態度測定尺度の開発　精神医学, *55*, 347–354.

Kessler, R. C., Andrews, G., Colpe, L. J., Hiripi, E., Mroczek, D. K., Normand, S.-L.T., Walters, E. E., & Zaslavsky, A. M. (2002). Short screening scales to monitor population prevalences and trends in non-specific psychological distress. *Psychological Medicine, 32*, 959-976.

Khawali, C., Ferraz, M. B., Zanella, M. T., & Ferreira, S. R. (2014). Willingness to pay as patient preference to bariatric surgery. *Health Expectations, 17*, 73-81.

Kimura, T., Iso, H., Honjo, K., Ikehara, S., Sawada, N., Iwasaki, M., & Tsugane, S. (2016). Educational levels and risk of suicide in Japan: The Japan Public Health Center Study (JPHC) Cohort I. *Journal of Epidemiology, 26*, 315-321.

King, K. A., & Smith, J. (2000). Project SOAR: A training program to increase school counselors' knowledge and confidence regarding suicide prevention and intervention. *Journal of School Health, 70*, 402-407.

Kniesner, T. J., & Leeth, J. D. (1991). Compensating wage differentials for fatal injury risk in Australia, Japan, and the United States. *Journal of Risk & Uncertainty, 4*, 75-90.

Knox, K. L., Litts, D. A., Talcott, G. W., Feig, J. C., & Caine, E. D. (2003). Risk of suicide and related adverse outcomes after exposure to a suicide prevention programme in the US Air Force: Cohort study. *British Medical Journal, 327*, 1376.

Kochi, I., Hubbell, B., & Kramer, R. (2006). An empirical Bayes approach to combining and comparing estimates of the value of a statistical life for environmental policy analysis. *Environmental & Resource Economics, 34*, 385-406.

Kodaka, M., Inagaki, M., Poštuvan, V., & Yamada, M. (2013a). Exploration of factors associated with social worker attitudes toward suicide. *International Journal of Social Psychiatry, 59*, 452-459.

Kodaka, M., Inagaki, M., & Yamada, M. (2013b). Factors associated with attitudes toward suicide. *Crisis, 34*, 420-427.

国土交通省（2009）．公共事業評価の費用便益分析に関する技術指針（共通編）〈http://www.mlit.go.jp/tec/hyouka/public/shishin.pdf〉　国土交通省　最終アクセス

2013/10/09

国土交通省（2010）．鉄道利用者等の理解促進による安全性向上に関する調査報告書〈http://www.mlit.go.jp/common/000120234.pdf〉 国土交通省　最終アクセス2017/03/23

厚生労働省（2016）．平成28年度版自殺対策白書〈http://www.mhlw.go.jp/wp/hakusyo/jisatsu/16/index.html〉 厚生労働省　最終アクセス2017/ 03/22．

Kuo, W. H., Gallo, J. J., & Eaton, W. W. (2004). Hopelessness, depression, substance disorder, and suicidality. *Social Psychiatry & Psychiatric Epidemiology, 39*, 497–501.

栗山 浩一・岸本 充生・金本 良嗣（2009）．死亡リスク削減の経済的評価: スコープテストによる仮想評価法の検証　環境経済・政策研究, *2*, 48–63.

栗山 浩一・庄子 康・柘植 隆宏（2013）．初心者のための環境評価入門　勁草書房

Lancaster, P. G., Moore, J. T., Putter, S. E., Chen, P. Y., Cigularov, K. P., Baker, A., & Quinnett, P. (2014). Feasibility of a web-based gatekeeper training: Implications for suicide prevention. *Suicide & Life-threatening Behavior, 44*, 510–523.

Law, C. K., Yip, P. S., Chan, W. S., Fu, K. W., Wong, P. W., & Law, Y. W. (2009). Evaluating the effectiveness of barrier installation for preventing railway suicides in Hong Kong. *Journal of Affective Disorders, 114*, 254–262.

le Grand, J., & New, B. (2015). Government paternalism: *Nanny state or helpful friend?* Princeton, NJ: Princeton University Press.

Lindhjem, H., Navrud, S., Braathen, N. A., & Biausque, V. (2011). Valuing mortality risk reductions from environmental, transport, and health policies: A global meta-analysis of stated preference studies. *Risk Analysis, 31*, 1381–1407.

LITALICO（2015）．「LITALICO研究所」開設のお知らせ.〈http://litalico.co.jp/news/10028〉．最終アクセス2016/11/14

Liu, J. T., Tsou, M. W., & Hammitt, J. K. (2009). Willingness to pay for weight-control treatment. *Health Policy, 91*, 211–218.

Ludwig, J., & Cook, P. J. (2000). Homicide and suicide rates associated with implementation of the Brady Handgun Violence Prevention Act. *Journal of the American Medical Association, 284*, 585–591.

Mann, J. J., Apter, A., Bertolote, J., Beautrais, A., Currier, D. et al. (2005). Suicide prevention strategies: a systematic review. *Journal of the American Medical Association, 294*, 2064-2074.

Markland, D., Ryan, R. M., Tobin, V. J., & Rollnick, S. (2005). Motivational interviewing and self-determination theory. *Journal of Social & Clinical Psychology, 24*, 811-831.

松岡 俊二・白川 博章・本田 直子・竹内 憲司・松本 礼史 (2002). 東アジアにおける環境政策の効率性評価に関する研究：マレーシア・クアラルンプール，広島市を例に Working Paper Series, Vol. 2002-10. 〈http://file.icsead.or.jp/user03/927_218.pdf〉最終アクセス2017/03/23

Matthieu, M. M., Cross, W., Batres, A. R., Flora, C. M., & Knox, K. L. (2008). Evaluation of gatekeeper training for suicide prevention in veterans. *Archives of Suicide Research, 12*, 148-154.

May, P. A., Serna, P., Hurt, L., & DeBruyn, L. M. (2005). Outcome evaluation of a public health approach to suicide prevention in an American Indian tribal nation. *American Journal of Public Health, 95*, 1238-1244.

McCarthy, M. J. (2010). Internet monitoring of suicide risk in the population. *Journal of Affective Disorders, 122*, 277-279.

Mehlum, L., & Schwebs, R. (2000). Suicide prevention in the military: Recent experiences in the Norwegian army. In Program and abstracts of the 33rd International Congress on Military Medicine.

ミル, ジョン・スチュアート (1971). 自由論 岩波書店

Miller, T. R. (2000). Variations between countries in values of statistical life. *Journal of Transport Economics & Policy, 34*, 169-188.

Miller, W. R. (1983). Motivational interviewing with problem drinkers. *Behavioural Psychotherapy, 11*, 147-172.

Miller, W. R., & Rollnick, S. (2002). *Motivational interviewing: Preparing people for change, Vol. 2*. New York, NY: Guilford Press.

宮里 尚三 (2010). 労働市場のデータを用いたValue of a Statistical Lifeの推計 日本経済研究, *63*, 1-28.

Mrozek, J. R., & Taylor, L. O. (2002). What determines the value of life?: A meta-analysis. *Journal of Policy Analysis & Management, 21*, 253–270.

内閣府 (2007). 交通事故の被害・損失の経済的分析に関する調査研究報告書 ⟨http://www8.cao.go.jp/koutu/chou-ken/19html/houkoku.html.⟩ 内閣府 最終アクセス 2013/10/09

内閣府 (2013). 自殺対策関係予算案 ⟨http://www8.cao.go.jp/jisatsutaisaku/yosan/index.html⟩ 内閣府最終アクセス 2013/10/09

National Oceanic and Atmospheric Administration (1993). Report of the National Oceanic and Atmospheric Administration panel on contingent valuation. *Federal Register, 58*, 4601–4616.

Neimeyer, R. A., & Anderson, A. (2002). Meaning reconstruction theory. In N. Thompson (Ed.), *Loss and grief: A guide for human service practitioners* (pp. 45–64). New York, NY: Palgrave.

落合 良行 (1983). 孤独感の類型判別尺度 (LSO) の作成 教育心理学研究, *31*, 332–336.

奥山 忠裕・野原 克仁・林山 泰久・稲垣 雅一 (2011). 道路整備による死亡リスク削減便益の計測: 交通事故および心停止に対する統計的生命の価値 高速道路と自動車, *54*, 20–28.

大原 健士郎 (1996).「生きること」と「死ぬこと:人はなぜ自殺するのか 朝日新聞社

大野 栄治・林山 泰久・森杉 壽芳・中嶌 一憲 (2009). 地球温暖化による熱中症死亡リスクの経済評価: CVMによるVSLの計測 地球環境研究論文集, *17*, 183–192.

大塚 明子・瀬戸 正弘・菅野 純・上里 一郎 (1998). 自殺念慮尺度の作成と自殺念慮に関連する要因の研究 カウンセリング研究, *31*, 247–258.

尾関 友佳子 (1993). 大学生用ストレス自己評価尺度の改訂: トランスアクショナルな分析に向けて 久留米大学大学院比較文化研究科年報, *1*, 95–114.

Ono, Y., Sakai, A., Otsuka, K., Uda, H., Oyama, H., Ishizuka, N., Awata, S., Ishida, Y., Iwasa, H., Kamei, Y., Motohashi, Y., Nakamura, J., Nisihi, N., Watanabe, N., Yotsumoto, T., Nakagawa, A., Suzuki, Y., Tajima, M., Tanaka, E., Sakai, H., & Yonemoto, N. (2013). Effectiveness of a multimodal community intervention program to prevent suicide and suicide attempts: A quasi-experimental study.

PloS One, 8, e 74902.

Palmer, C. S., Revicki, D. A., Halpern, M. T., & Hatziandreu, E. J. (1995). The cost of suicide and suicide attempts in the United States. *Clinical Neuropharmacology, 18* (Suppl. 3), S25-S33.

Phillips, D. P. (1974). The influence of suggestion on suicide: Substantive and theoretical implications of the Werther effect. *American Sociological Review, 39*, 340-354.

Russell, D., Peplau, L.A., & Cutrona, C.E. (1980). The revised UCLA Loneliness Scale: Concurrent and discriminant validity evidence. *Journal of Personality & Social Psychology, 39*, 472-480.

Rutz, W., Knorring, L. V., & Wålinder, J. (1992). Long-term effects of an educational program for general practitioners given by the Swedish Committee for the Prevention and Treatment of Depression. *Acta Psychiatrica Scandinavica, 85*, 83-88.

Ryan, R. M., & Deci, E. L. (2000). Self-determination theory and the facilitation of intrinsic motivation, social development and well-being. *American Psychologist, 55*, 68-78.

貞包 英之・元森 絵里子・野上 元 (2016). 自殺の歴史社会学:「意志」のゆくえ 青弓社

斎藤 友紀雄 (2009). 自殺危機とそのケア(キリスト教カウンセリング講座ブックレット 13) キリスト新聞社

坂本 真士・影山 隆之 (2006). 報道が自殺行動に及ぼす影響:その展望と考察 こころの健康, *20*, 62-72.

坂本 真士・奥村 泰之・田中 江里子 (2013). センセーショナルな自殺報道は自殺念慮を高めるか:架空の新聞記事を用いた検討 臨床心理学, *13*, 539-548.

坂本 真士・奥村 泰之・田中 江里子 (2008). 自殺を抑止するために新聞の自殺報道において掲載されるべき内容についての心理学的研究:架空の記事を用いた質問紙実験による検討 こころの健康, *23*, 47-55.

Sakamoto, S., Tanaka, E., Kameyama, A., Takizawa, T., Takizawa, S., Fujishima, S., Nara, M., Sakashita, T., Oyama, H., & Ono, Y. (2014). The effects of suicide prevention measures reported through a psychoeducational video: A practice in Japan. *International Journal of Social Psychiatry, 60*, 751-758.

Sakamoto, S., Tanaka, E., Neichi, K., & Ono, Y. (2004). Where is help sought for depression or suicidal ideation in an elderly population living in a rural area of Japan? *Psychiatry & Clinical Neurosciences, 58*, 522-530.

Scherr, S., & Reinemann, C. (2016). First do no harm: Cross-sectional and longitudinal vidence for the impact of individual suicidality on the use of online health forums and support groups. *Computers in Human Behavior, 61*, 80-88.

下園 壮太（2002）．自殺の危機とカウンセリング　金剛出版

Shneidman, E. S. (1993). *Suicide as psychache: A clinical approach to self-destructive behavior.* New York, NY: Aronson.

総務省（2015）．社会課題解決のための新たなICTサービス・技術への人々の意識に関する調査研究：報告書〈http://www.soumu.go.jp/johotsusin tokei/linkdata/h27_06_houkoku.pdf〉　総務省　最終アクセス2017／03／22．

総務省（2016）．平成28年版情報通信白書．〈http://www.soumu.go.jp/johotsusin tokei/whitepaper/ja/h28/pdf/index.html〉　総務省　最終アクセス2017／03／22．

Stack, S. (2007). Societal economic costs and benefits from death: Another look. *Death Studies, 31*, 363-372.

末木 新（2010）．自死遺族の心理的変化の過程に関する事例研究：家族との関係性が悲嘆プロセスに与える影響に注目して　東京大学大学院教育学研究科臨床心理学コース紀要, *33*, 95-101．

末木 新（2011a）．インターネットにおける検索エンジン利用とインフルエンザの流行との関連：日本におけるデータを用いた検討　厚生の指標, *58*, 8-13．

末木 新（2011b）．自殺の危険の高い者は他者に助けを求めないか？：自殺念慮・自殺関連行動と援助要請の関連に関するレビュー　自殺予防と危機介入, *31*, 84-90．

末木 新（2013a）．インターネットは自殺を防げるか：ウェブ・コミュニティの臨床心理学とその実践　東京大学出版会

末木 新（2013b）．自殺予防の基礎知識：多角的な視点から自殺を理解する　デザインエッグ社

Sueki, H. (2013a). The effect of suicide-related Internet use on users' mental health.

Crisis, *34*, 348-353.

Sueki, H. (2013b). Internet gatekeeper/Night patrol 2.0. "Suicide prevention and collaboration with media". The second meeting for the WHO World Suicide Report and Symposium Speaker (December, 2013, Tokyo, AkihabaraUDX).

末木 新（2017）．自殺と援助要請．水野 治久（監）永井 智・本田 真大・飯田 敏晴・木村 真人（編）援助要請と被援助志向性の心理学：困っていても助けを求められない人の理解と援助（pp. 111-119）金子書房

Sueki, H., & Eichenberg, C. (2012). Suicide bulletin board systems comparison between Japan and Germany. *Death Studies, 36*, 565-580.

Sveen, C. A., & Walby, F. A. (2008). Suicide survivors' mental health and grief reactions: A systematic review of controlled studies. *Suicide & Life-Threatening Behavior, 38*, 13-29.

Szanto, K., Mulsant, B. H., Houck, P. R., Dew, M. A., Dombrovski, A., Pollock, B. G., & Reynolds, C. F. (2007). Emergence, persistence, and resolution of suicidal ideation during treatment of depression in old age. *Journal of Affective Disorders, 98*, 153-161.

高橋 邦明・内藤 明彦・森田 昌宏・須賀 良一・小熊 隆夫・小泉 毅（1998）．新潟県東頸城郡松之山町における老人自殺予防活動——老年期うつ病を中心に—— 精神神經學雜誌, *100*, 469-485.

高橋 祥友（2006）．自殺予防 岩波書店

高橋 祥友（2014）．自殺の危険（第3版）：臨床的評価と危機介入 金剛出版

竹内 憲司（2002）．生と死の経済学：死亡リスクの微少な変化に対して人々はどの程度の支払いをするつもりがあるか 会計検査研究, *26*, 229-241.

竹内 憲司・岸本 充生・拓植 隆宏（2001）．表明選考アプローチによる確率的生命価値の推計 環境経済政策学会2001年大会報告論文

Tanaka, E., Sakamoto, S., Ono, Y., Fujihara, S., & Kitamura, T. (1996). Hopelessness in a community population in Japan. *Journal of Clinical Psychology, 52*, 609-615.

Tsuge, T., Kishimoto, A., & Takeuchi, K. (2005). A choice experiment approach to the valuation of mortality. *Journal of Risk & Uncertainty, 31*, 73-95.

van Orden, K. A., Witte, T. K., Cukrowicz, K. C., Braithwaite, S. R., Selby, E. A., &

Joiner Jr, T. E. (2010). The interpersonal theory of suicide. *Psychological Review, 117,* 575–600.

van Spijker, B. A., Majo, M. C., Smit, F., van Straten, A., & Kerkhof, A. J. (2012). Reducing suicidal ideation: cost-effectiveness analysis of a randomized controlled trial of unguided web-based self-help. *Journal of Medical Internet Research, 14,* e141.

van Spijker, B. A., van Straten, A., & Kerkhof, A. J. (2014). Effectiveness of online self-help for suicidal thoughts: Results of a randomised controlled trial. *PloS One, 9,* e90118.

Viscusi, W. K., & Aldy, J. E. (2003). The value of a statistical life: A critical review of market estimates throughout the world. *Journal of Risk & Uncertainty, 27,* 5–76.

Watts, S., Newby, J. M., Mewton, L., & Andrews, G. (2012). A clinical audit of changes in suicide ideas with internet treatment for depression. *BMJ open, 2,* e001558.

Weinstein, M. C., & Saturno, P. J. (1989). Economic impact of youth suicide and suicide attempts. *Report of the Secretary's Task Force on Youth Suicide* (Vol. 4, pp. 82–93). Washington, DC: United States Government Printing Office.

World Health Organization (2014). *Preventing suicide: A global imperative.* Sterling, VA: Stylus Publishing.

Wyman, P. A., Brown, C. H., Inman, J., Cross, W., Schmeelk-Cone, K., Guo, J., & Pena, J. B. (2008). Randomized trial of a gatekeeper program for suicide prevention: 1-year impact on secondary school staff. *Journal of Consulting & Clinical Psychology, 76,* 104–115.

山本 秀一・岡 敏弘．(1994)．飲料水リスク削減に対する支払意思調査に基づいた統計的生命の価値の推定　環境科学会誌，*7,* 289–301.

Yang, A. C., Tsai, S. J., Huang, N. E., & Peng, C. K. (2011). Association of Internet search trends with suicide death in Taipei City, Taiwan, 2004-2009. *Journal of Affective Disorders, 132,* 179–184.

Yang, B., & Lester, D. (2007). Recalculating the economic cost of suicide. *Death Studies, 31,* 351–361.

Yasunaga, H. (2008). Willingness to pay for mass screening for prostate cancer: a contingent valuation survey. *International Journal of Urology, 15,* 102–105.

Yasunaga, H. (2009). Who wants cancer screening with PET?: A contingent valuation survey in Japan. *European Journal of Radiology, 70,* 190–194.

Yasunaga, H., Ide, H., Imamura, T., & Ohe, K. (2006). Benefit evaluation of mass screening for prostate cancer: willingness-to-pay measurement using contingent valuation. *Urology, 68,* 1046–1050.

Yip, P. S., Law, C. K., Fu, K. W., Law, Y. W., Wong, P. W., & Xu, Y. (2010). Restricting the means of suicide by charcoal burning. *British Journal of Psychiatry, 196,* 241–242.

索引

事項索引

A to Z
ATTS／自殺に関する態度尺度　129-131, 133, 136
BHS／ベック絶望感尺度　12
CVM／仮想評価法　115-120, 124-125, 128, 136-137, 147, 149
Eセラピー　34, 37-39
Google Adwords　80, 91
HA／ヘドニック・アプローチ　115-117, 119
iCBT　38
K6　12, 26, 48-49, 51-52, 54, 74, 93, 102
LINE　21-22, 40
MI／動機づけ面接　59, 63-69, 71, 73, 75-77
NPO法人OVA／OVA（オーヴァ）　44, 183
OR／オッズ比　26-29, 94, 154
SDT／自己決定理論　67-68
SNS／ソーシャル・ネットワーキング・サービス　21-23, 31, 33, 36
SPT／自己知覚理論　67-68
Twitter／ツイッター　21-31, 33, 36, 171, 183
VSL／統計的生命の価値　109, 114-120, 123-125, 132, 135-137, 147, 149, 156, 169
WTP／支払意思額　109, 114-115, 117-125, 127-132, 134-137, 139-141, 143-149, 151-153, 155-156, 188

あ行
アウトリーチ　36, 85
アセスメント　4, 49, 51-52, 70-72, 74, 76, 85, 90, 92, 94, 96, 100, 102-103, 161
アプリ　30-31, 40, 171
アルコール依存　53, 63, 114, 143
アルコール健康障害対策基本法　163
アンビバレント／両価的　43, 62-63, 65-66, 84-85
一般化可能性　16, 136, 148, 156
いのちの電話　6, 16, 30, 36, 46, 103
意味再構成理論　155
因果関係　136, 139, 163
インターネット　16-18, 21-22, 24, 29-31, 33-37, 39-40, 43-45, 48, 54-55, 59, 76, 84-87, 90, 96-100, 103-104, 118, 121, 123-124, 130, 136, 141, 147-148, 152, 156, 159, 161, 181
ウェブ・コミュニティ　iv-v, 3, 8, 39

ウェルテル効果　161
うつ病　38-39, 48, 52-53, 70, 112-114, 120, 143, 162, 164, 167, 169, 174
援助希求　39, 56, 59, 71, 73, 75-77, 81, 83, 84, 86, 89, 91-93, 97, 99, 103, 106, 162
援助資源マッチング　33-34, 36, 39
オッズ比／OR　26-29, 94, 154
オンライン・コミュニティ　34, 37, 182

か行

解離　57
仮想評価法／CVM　115-120, 124-125, 128, 136-137, 147, 149
過量服薬　54, 175
過労死等防止対策推進法　163
監視社会　31
危害原理　171-174, 177
危機介入　6, 36-38, 49-50, 55-56, 60-63, 66, 68, 79, 86, 100, 104, 141, 143
逆転移　166
ギャンブル依存　50-51
共感　iv, 6-9, 13, 21, 23, 37, 44-46, 55, 60-64, 66, 68, 70-73, 75, 101-102
クリック　45-46, 81-82, 84-85, 91
経済的便益　112-114, 117, 169
傾聴　6, 23, 46, 55, 60-62, 64, 66, 68, 74, 100
ケースコントロール　163-164
ゲートキーパー　38-39, 43, 47-51, 55, 57, 59-60, 69-70, 72-73, 75-77, 79, 80, 84-87, 89-92, 94, 96-99, 101-103, 106, 110, 159, 161-162
検索エンジン　34-36, 59
検索連動型広告　45-47, 55, 69, 77, 79, 90, 96-97, 103, 106
顕示選好法　119-120
限定合理性　171, 174
交絡因子　26, 148, 163
コーピング　12-15, 17
心の絆　6, 61

孤独感　5-7, 11-17, 36-37, 39, 47-48, 62
コンジョイント分析　120, 150

さ行

サマリタンズ　30-31, 60
支払意思額／WTP　109, 114-115, 117-125, 127-132, 134-137, 139-141, 143-149, 151-153, 155-156, 188
死別　28, 153-155
自己決定理論／SDT　67-68
自己効力感　38-39, 63, 65, 67, 71, 76, 86
自己知覚理論／SPT　67-68
自殺関連語　35, 46-47, 80, 89
自殺関連行動　47, 86, 91-95, 121, 124, 144, 146, 148, 160
自殺関連のインターネット利用　11, 13-18, 29
自殺企図　5, 26, 28-30, 38, 48, 50-52, 54, 56-57, 59, 66, 68, 70, 72, 74-75, 81, 83-85, 90-93, 95-96, 100, 102, 121-122, 124, 130-132, 134, 143-144, 146-147, 154, 160, 165, 167, 173
自殺手段へのアクセス制限　161
自殺潜在能力　4-5, 30, 71, 85, 87, 176-177
自殺総合対策大綱　i, 112-113, 117, 123, 165, 179
自殺対策基本法　i, iii, 110, 140, 168, 170
自殺対策の精神医療化　165-166
自殺対策不要論者　151, 153-154
自殺に関する態度尺度／ATTS　129-131, 133, 136
自殺念慮　3, 5, 11-17, 21, 26-30, 33, 36, 38-39, 46, 48-52, 54-55, 61-62, 68-69, 70-71, 75, 80-81, 83-84, 87, 91-93, 95-96, 100, 102-103, 121-122, 124, 130-132, 134, 143-148, 154-155, 160, 167-168
自殺の危険性　4, 11, 22, 30, 35-37, 45,

索　引　213

　　71, 85, 113, 161, 176-177
自殺の計画　　11, 15, 26-25, 27-29, 48-49, 51-52, 54, 70, 72, 74, 91-93, 95, 100, 121, 130-134, 143, 148, 154
自殺の対人関係理論　　4-6, 30, 85, 143, 160-161, 163-164, 166, 177
自殺方法　　ⅴ, 3, 11, 15-18, 34-35, 39, 43, 45, 48-50, 69-70, 76, 82, 85, 102, 161, 167
自殺予防教育　　34, 39, 162
自死遺族　　37
自傷行為　　5, 7, 15, 26-29, 54, 100-101, 143
社会的学習理論　　161
自由意志　　ⅶ, 167, 171-172
縦断調査　　9, 11, 136, 141
手段パターナリズム　　171, 178-179
障害者総合支援法　　163
情報疫学　　35, 46
所属感の減弱　　4-6, 160, 162, 177
進化心理学　　176-177
心理学的剖検調査　　163-164, 167, 174
心理的視野狭窄　　55, 57, 61, 103
心療内科　　15, 28, 48-49, 52, 73, 80-81, 85, 91-93, 95, 100-101
スクリーニング　　9-12, 16, 48, 52, 59, 70, 99, 159, 162
スティグマ　　162
スマートフォン　　27, 165
生活保護　　45, 50-51, 94, 102, 104
精神科　　14-15, 17, 28, 45, 47-48, 51-54, 75, 80-81, 83, 85, 91-93, 95-96, 101, 111, 114, 120, 137, 174
精神障害　　7, 96, 137, 141, 143, 161, 167, 170, 173-175, 190
精神保健福祉士　　45, 89
セーフティネット　　60
世界保健機関／WHO　　ⅶ, 47, 161, 176
絶望感　　11-17, 160
相関研究　　163-164

ソーシャル・サポート　　162
ソーシャル・ネットワーキング・サービス／SNS　　21-23, 31, 33, 36

た行
チェンジトーク　　64-68
チャット　　37
直面化　　77, 99, 105,
電子掲示板　　22, 37
動機づけ面接／MI　　59, 63-69, 71, 73, 75-77
統計的生命の価値／VSL　　109, 114-120, 123-125, 132, 135-137, 147, 149, 156, 169
トレード・オフ　　103, 115, 119

な行
内閣府自殺対策推進室　　110
二段階二肢選択法　　118-119, 124, 135
認知・行動療法／CBT　　33
認知的不協和理論　　65, 155

は行
パターナリズム　　31, 36, 171, 173, 178-179
発達障害　　71
ピア・サポート　　33-34, 36-39
悲嘆　　37, 119, 155, 172,
ビフレンディング　　60, 103
表明選好法　　119-120
負担感の知覚　　4-6, 75, 160, 177
プラットフォーム　　22, 106
プロスペクト理論　　164
ベック絶望感尺度／BHS　　12
ヘドニック・アプローチ／HA　　115-117, 119
ヘルスケア　　161-162
ヘルス・リテラシー　　127, 135
ヘルパー・セラピー効果　　8, 37
包括適応度　　176-177

ホームドア 112, 161, 167
保健所 51
ボランティア 6, 8, 36-37, 46, 60

ま行
マーケティング 46
前向きコホート調査 3, 16, 29
マクロ統計資料 163-164
マスメディア 161-162
無作為化対照試験 77
メール v, 6, 37, 40, 43, 45-46, 48-56, 60, 69-77, 79, 81, 83-84, 86-87, 89, 90-91, 96-97, 99, 100-106
メタ分析 38, 40, 115-117
メンタルヘルス 3, 9, 11, 13-18, 28, 92
目的パターナリズム 171, 178-179

や・ら行
抑うつ・不安傾向 12, 28
夜回り2.0 v, 36, 43-48, 52, 59-60, 63, 79, 89-90, 99-106, 109, 127, 179, 183
臨床心理士 89
ロジスティック回帰分析 26-28, 92, 94, 131-132, 134, 144, 146-147, 153-154

人名・団体名（欧文表記）

Andersson, G. 38
Andrews, G. 38

Bagley, C. H. 128
Bandura, A. 161
Barak, A. 37
Beautrais, A. 61
Beck, A. 12, 160
Bellavance, F. 116
Bem, D. J. 67
Britton, P. C. 63, 68
Brown, G. K. 160

Cavanagh, J. T. 174
Chapman, S. 161, 167
Christensen, H. 38, 160-161, 163

Deci, E. L. 68
Desvousges, W. H. 116
Draycott, S. 67
Dunn, C. 67

Etzersdorfer, E. 161
Everall, R. D. 37
Eysenbach, G. 35

Feigelman, W. 37
Festinger, L. 65, 155
Furukawa, T. A. 12, 48, 96

Gilat, L. 37
Greidanus, E. 37
de Groot, M. H. 119
Gunn, J. F. 24, 35, 46
Gunnell, D. 35, 161, 167

Haanemann, M. 121
Hagihara, A. 35, 46
Harris, K. M. 29
Hawton, K. 161, 166
Healey, A. 119
Hegerl, U. 47
Hirokawa, S. 174
Hollander, E. M. 37

Isaac, M. 38, 162

Jashinsky, J. 24, 36
Joiner, T. E. 4, 85, 160, 163
Joinson, A. N 96
Jordan, J. R. 119
Jorm, A. F. 39

Kahneman, D. 164
Kessler, R. C. 12, 48
Kimura, T. 155
King K. A. 86
Kniesner, T. J. 115
Knox, K. I. 47, 86
Kochi, I. 116
Kodaka, M. 136, 155
Kuo, W. H. 160

Lancaster, P. G. 38
Law, C. K. 161, 167
le Grand, J. 178
Lindhjem, H. 116
LITALICO 163
Ludwig, J. 161, 167

Mann, J. J. 38
Markland, D. 67
Matthieu, M. M. 86
May, P. A. 86
McCarthy, M. J. 35, 46
Mehlum, L. 86
Miller, T. R. 116
Miller, W. R. 63, 66-68
Mrozek, J. R. 116

Neimeyer, R. A. 155
NOAA 119

Ono, Y. 162

Palmer, C. S. 169
Phllips, D. P. 161

Russell, D. 13
Rutz, W. 47
Ryan, R. M. 67

Sakamoto, S. 162
Scher, S. 18
Shahar, G. 37
Shneidman, E. S. 34, 175, 178
Stack, S. 169
Sueki, H. 18, 47, 85
Szanto, K. 47

Tanaka, E. 12

van Orden, K. A. 4, 85, 160, 164, 177
van Spijker, B. A. 38
Viscusi, W. K. 116

Watts, S. 38	Yang, A. C. 35, 46, 169	
Weinstein, M. C. 169	Yip, P. S. 161, 167	
WHO 161, 176		
Wyman, P. A. 86		

人名・団体名（邦文表記）

伊藤次郎 44	110, 140, 155, 176	高橋祥友 23, 61, 164, 166
稲村　博 60-61	国土交通省 117	高橋邦明 162
		竹内憲司 117
大塚明子 12	斎藤友紀雄 62	
大原健士郎 61	坂本真士 161	内閣府 111, 117
尾関友佳子 13	自殺対策検証評価会議	内閣府自殺対策推進室
落合良行 12	162	110
	自殺予防総合対策センター	長谷川寿一 177
勝又陽太郎 160, 164	35	
金子能宏 112-113, 169	下園壮太 66	原井宏明 63-65
金本良嗣 116	ジョイナー, T. E. 4	古川俊一 114-115, 117
河合隼雄 168	末木　新 8, 9, 16, 18,	
川島大輔 129, 155-156	22, 23, 35, 39, 46, 47,	宮里尚三 117
川野健治 165	55, 80, 105, 155, 168	ミル, J. S. 172
栗山浩一 115	総務省 22	
厚生労働省 vii, 5, 46,		山本秀一 117

著者紹介

末木　新（すえき　はじめ）博士（教育学），臨床心理士
東京大学大学院教育学研究科臨床心理学コース博士課程修了（2012年）
現職　和光大学現代人間学部准教授
主要著作
自殺予防の基礎知識―多角的な視点から自殺を理解する――　デザインエッグ社（2013年）
インターネットは自殺を防げるか――ウェブコミュニティの臨床心理学とその実践―　東京大学出版会（2013年）
主要論文
Sueki, H. (2017). The relationship between attitudes toward suicide and willingness to pay for suicide prevention: A cross-sectional study in Japan. *Psychology, Health & Medicines, 22*, 1072-1081. doi: 10.1080/13548506.2016.1274409
Sueki, H. (2016). Willingness to pay for school counseling services in Japan: A contingent valuation study. *Asia Pacific Journal of Counselling and Psychotherapy, 7*, 15-25. doi:10.1080/21507686.2016.1199438
Sueki, H. (2016). Willingness to pay for suicide prevention in Japan. *Death Studies, 40*(5), 283-89. doi: 10.1080/07481187.2015.1129371　など多数。

自殺対策の新しい形
インターネット，ゲートキーパー，自殺予防への態度

2019年1月31日	初版第1刷発行	定価はカヴァーに
2020年3月31日	初版第2刷発行	表示してあります

著　者　末木　新
発行者　中西　良
発行所　株式会社ナカニシヤ出版
〒606-8161　京都市左京区一乗寺木ノ本町15番地
Telephone　075-723-0111
Facsimile　075-723-0095
Website　http://www.nakanishiya.co.jp/
Email　iihon-ippai@nakanishiya.co.jp
郵便振替　01030-0-13128

装幀＝白沢　正／印刷・製本＝西濃印刷株式会社
Copyright © 2019 by Hajime SUEKI
Printed in Japan.
ISBN978-4-7795-1322-0 C3011

Facebook, Instagram, mixi, LINE, Twitter などは登録商標ですが，本書中では，TM，(R) マークは表記しておりません。
Google は米国の多国籍テクノロジー企業名です。また Yahoo! は，インターネットサービス企業名です。本書中では，TM，(R) マークは表記しておりません。

本書のコピー，スキャン，デジタル化等の無断複製は著作権法上での例外を除き禁じられています。本書を代行業者等の第三者に依頼してスキャンやデジタル化することはたとえ個人や家庭内の利用であっても著作権法上認められておりません。